文话格言

尚德
SHANG DE

华瑞兴 编著

吉林出版集团股份有限公司

图书在版编目（ＣＩＰ）数据

名家美文话格言．尚德／华瑞兴编著．－－ 长春 ：
吉林出版集团股份有限公司，2013.10
ISBN 978-7-5534-3070-6

Ⅰ．①名… Ⅱ．①华… Ⅲ．①汉语－格言－青年读物
②汉语－格言－少年读物 Ⅳ．①H136.3-49

中国版本图书馆 CIP 数据核字(2013)第 224321 号

《名家美文话格言》编委会

主　　任：金开诚　王立人
副 主 任：陈尧明　华瑞兴
主　　编：金开诚　陶伯华
编写人员：陶伯华　华瑞兴　肖复新　朱平锋　吴建有　冯树洋

尚　德

编　　著：华瑞兴　　　　　选题策划：曹　恒
责任编辑：息　望　付　乐　责任校对：赵　萍
封面设计：卢　婷　　　　　插　　图：李　亮
出版发行：吉林出版集团股份有限公司
印刷：河北锐文印刷有限公司
版次：2014 年 1 月第 1 版　　印次：2018 年 5 月第 2 次印刷
开本：787mm×1092mm 1/16　印张：12.5　字数：150 千
书号：ISBN 978-7-5534-3070-6　定价：40.90 元
社址：长春市人民大街 4646 号　邮编：130021
电话：0431-88029877　传真：0431-85618721
电子邮箱：tuzi8818@126.com

我历来认为，对中华传统文化的考证与评估虽然重要，但毕竟只是手段，"古为今用"，为中华民族的团结和振兴发挥积极有益的精神作用，才是目的。这就好比祖宗留下了丰厚的遗产，固然首先要加以清理，但清理只是为了更好地使用；不但要用好，还要尽可能把它"盘活"，使之在现实中生发和增值。惟其如此，也才能使优秀传统文化更加贴近广大群众，尤其是贴近青少年而利于久远的流传与弘扬。我们编撰这套《名家美文话格言》，就是想在优秀传统文化的古为今用与传承弘扬上做一点尝试与探索。

　　中华文化源远流长，古籍文献浩如大海，而警句格言则是经过历史反复筛选与提炼的思想瑰宝，由此了解中华传统文化，入门容易，且可深窥诸子百家思想之精华。现在，各种中外名人名言选本已出版不少，并受到广大读者的欢迎。我们这套丛书具有与众不同的编撰特点：

　　一是尽可能显示分散的警句格言之间的内在联系。现在编成的六个分册，前三个分册中，《明道》揭示的是中华文化的核心范畴，《尚德》展示的是中华文化的主导价值，《智慧》显现的是中华文化的基本特征，道、德、智正是中华优秀传统文化的三大构成要素。后三个分册中，《立志》为成事之首，《劝学》是成才之基，《践行》是成功之本，志、学、行正是人生不可缺一的三大构成环节。当前我们正在构建社会主义和谐社会的核心价值体系，这一价值体系的建设离不开对传统文化的深刻理解与传承弘扬。全面把握道、德、智这中华优秀传统文化的三大构成要素与志、学、行这人生成长的三大构成环节，

总序

将有助于我们去建设社会主义和谐社会，并为构建中华民族共有的精神家园添砖加瓦。

二是充分揭示这些古老格言的现实警世与启迪意义。传统文化，只有取其精华，引申诠释，使之与当代社会相适应、与现代文明相协调，才能既保持民族性，又体现时代性，彰显历史智慧的现实生命力。为此，我们在讲解中既介绍每条格言产生的历史文化背景，又联系现实的国情、世情、人情，阐述它的警世意义及对人生的启迪作用。例如老子、庄子"道法自然"的思想就蕴涵了极其深刻的生态智慧，对化解全球性生态危机具有现实警世意义。孔子、孟子讲的"仁者爱人""舍生取义""富贵不能淫，贫贱不能移，威武不能屈"等名言，对我们抵制社会上的不正之风，弘扬"八荣八耻"的社会主义荣辱观仍有激励作用。《立志》《劝学》《践行》中所选编的那些警世格言，对青少年健康成长更有直接的启示意义。

三是力求图文并茂、深入浅出。对每一条警句格言中的疑难文字，我们都作出明确的注释，并将古文翻译成白话文。在阐述讲解时，尽可能引用相应的历史典故与现代案例，同时配以精美的插图，以适应"读图时代"广大读者的需要。各个分册，按照所编格言的不同内涵特色，或突出哲理，或重在叙事，或夹叙夹议。其中相当一部分千字文，可以作为语文中考、高考的参考范文。

在编撰本丛书的过程中，我们深深感到中华文化博大精深，诸子格言内涵丰富，限于我们的认识水平，对它们的理解与诠释是不可能毕其功于一役的。对于书中的错误和不足之处，尚望读者朋友给予批评指正。

金开诚
2008 年 3 月

中华文化的尚德价值取向

　　中国传统文化具有浓厚的道德色彩，中国自古以来素被称为礼仪之邦，许多古代思想家的思想与理论中充满了道德观点，道德甚至成了他们全部思想的内核。因此，"尚德"是中国人的观念及行为的重要特征。许多学者认为，中国传统文化实际上是一种"人本主义"的伦理型文化，或称作"德性文化"。

　　尽管中国古代思想家观点各异，但重视道德却是共同的。在中国的"德性文化"中，人是"万物之灵"，而人之所以能成为"万物之灵"，就是因为有道德。德性被作为人兽区分的根本，也是人格尊严的体现。儒家是中国传统文化的最重要组成部分，尤其强调道德至上的价值取向与文化精神，具有浓重的尚德特征。"尚德"是儒家思想的核心内容，是把"道德"作为一种个体个人向伦理实体个人的本质回归的精神运动，它通过激励来推动人们在道德上自强不息，止于至善；在人格上做一个君子、圣人；在追求人道和人生价值的过程中，在修身、齐家、治国、平天下的过程中实现对"生存困境"的超越。在待人处世上，儒家倡言"君子谋道不谋食""君子忧道不忧贫"，并以知、仁、勇为"三达德"，主张以道德实践为第一要义，构建起中国文化传统中的道德规范体系。处世做人，贵在有德。"做人"即是立身处世，而"做人"的要义在于人的行为必须合乎"人"应该具有的道德规范。做人应以道德律己，以道德待人，其主要范畴有"诚实正直""光明磊落""襟怀坦荡""克己奉公""言行一致""忠厚善良""廉正俭朴"，等等，体现了浓厚的尚德特征。在与人交往上，以德待人，主张人与人之间应当是"正其义不计其利，谋其道而不计其功"，与人相处，贵在有德。在治理国家上，把"仁""礼"作为统一的社会伦理模式，提出"道之以德，齐之以礼"的仁政思想和"民为贵，社稷次之，君为轻"的"民本"主张。在义利观上提出"以义驭利，见利思义"。在德之教化上提倡"道之以德"的道德教育。道德教育的内容是德才并重，德育教育和知识教育并重，但最基本的教育是德育，主张"志于道，据于德，依于仁，游于艺"。在道德修养上总结出学思结合的道德修养理论和方法，认为道德修养过程是学习锻炼的过程，是思的过程，同时也是一个内省的过程。作为个体个人向伦理实体个人的本质回归目标，归根结底是要塑造出能够承担历史使命的理想人格——"君子""圣人"。他们是"仁"的人格化，是理想人格的别称。孔子说："君子和而不同"，"君子不忧不惧"。实际上，儒家理想人格的核心内容是与"礼"统一的"仁"德。所以说，儒家正是通过这样的文化设计，建立起自己的道德"解释系统"，实现了对人的"安顿"，达到超越"生存困境"的目标。

作为中华民族文化重要组成部分的道家文化，"尚德"精神也是其重要的价值取向。正如钱穆先生所说："其实道家也极其重德，庄老书中'德'字较之《论语》《孟子》更多。"道家以"无为"为核心和基本立足点，反对世俗仁义道德对人们行为的约束，主张复归到"素朴"的原始道德境界，认为"道"是天地万物的总根源。"道"顺应自然，无所作为，但就其产生万物来说，"道"又无不为。以道家"天道"证"人道"，由自然推论社会，"道"的这种"无为"的德性应为包括人在内的世界万物所效法。所以，"无为"是道家的伦理原则的哲学依据所在，也是体现在伦理意义上的一种道德实践原则。"常德乃足，复归于朴"，所谓的"复归于朴"也就是"复归于婴儿"。在这里道家把"婴儿"比作具有深厚道德修养的人："含德之厚，比于赤子"。在道家看来，修德行道的人应当以婴儿赤子之心武装自己，使自己的心思处于浑厚淳朴的状态。要想实现"见素抱朴"，必须"少私寡欲"，这样天下才能太平。所以说道家的"尚德"精神是一个"为道""去欲"的过程，也是一个"心斋""坐忘""体道"的修养过程。道家是在顺"道""无为"之中，依靠一种人生的智慧实现了对"生存困境"的扬弃。

当人们的灵魂失去屋宇的时候，当滂沱的雨水仍滴溅在人们心头的时候，我们回头看一下先人的道德智慧，发现他们走的是更具亲和感和家园感的内在超越之路，是他们的道德智慧"安顿"了我们中华民族的精神家园。他们"尚德"蕴涵的理念和折射出的精神对构建社会主义和谐文化仍具有镜鉴和启迪作用。

华瑞兴

2008 年 3 月

德之理想

修身之德

目

录

目

录

德之理想

道德理想是引导人们超越自我、完善自我的精神动力，尽管中国古代思想家观点各异，但重视道德却是共同的。

圣人去甚，去奢，去泰

是以圣人去甚^①，去奢^②，去泰^③。

——《老子·二十九章》

> **注**
> ①甚：极端。
> ②奢：奢侈。
> ③泰：通"太"，过分。

●●● 释义 ●●●

因此圣人治理天下，顺人情、依事物，按照自然规律去掉一切极端、过分的措施，去奢返朴。

老子曰："是以圣人去甚，去奢，去泰。"老子提出"去甚，去奢，去泰"，意谓圣人应顺应自然，常保尊贵的地位，做事一定不要过分，不要奢侈，不要过头，不要勉强他人，这样才能常有而不失，常胜而不败，常贵而不贱。

老子要求把太甚的、过分的、极端的、奢侈的、多余的东西去掉。老子去奢的思想在当今仍有很重要的意义。"历览前贤国与家，成由勤俭败由奢"，这是唐代诗人李商隐对历史经验教训的概括。我国历史上曾涌现出晏子、杨震、于成龙等尚俭去奢的廉吏，为后人所称道。奢侈是最危险的东西，虽然它没有牙齿，却可以吃掉你的理想；它没有双脚，却可以引导你走向歧途；它没有烟味，却可以熏黑你的灵魂；它不是砒霜，却可以毒害你的情操、意志和人格。因此，去奢在今天仍重如千钧。

杨震，字伯起，生于公元60年。他的祖辈属华阴世家大族，历代封侯。由于父亲离世过早，家道衰落，自幼生活贫寒。但他少有大志，敏而好学，而且师从当时九卿之一的太常桓郁研习《今文尚书》，终成一代宗师。入仕前他也像父亲一样，在华阴县牛心峪讲学，相传从者如流，其峪多槐，故称杨震槐市，时间长达二十年，学生多达两千。112年3月，杨震调任山东东莱太守。两年后，又调任河北涿州太守。由于他为政清廉，尽管当时全国盗寇横行，但他所治辖的东莱、涿州等地的民情和局势却较为安定，所以很受辅政的邓太后和大将军邓骘的赏识，117年6月，他升为太仆，12

月，调迁为太常。在这之前，朝廷的博士选举多不以实，而杨震到任后，即荐举名士杨伦等五人为五经博士，显传学业，受到当时学界人士的普遍称赞。

123 年 10 月，杨震改任太尉，掌管国家军事。他刚一上任，汉安帝刘祜的舅舅、官为大鸿胪(掌管外交) 的耿宝，即在他的面前替大宦官中常侍李闰的哥哥说情，让其提拔，杨震严词拒绝。杨震不肯从命走后门，耿宝也只能恨恨而去。不久，汉安帝刘祜听信谗言，派人收回了杨震的太尉印绶。杨震感到十分失望，闭门绝客，不与外人相见。樊丰、周广等奸臣更不顾一切地对杨震进行诬陷，于是刘祜又将杨震贬为庶人，诏令遣归华阴原籍。

杨震回归华阴途中，行至洛阳城西夕阳亭（在今陕县境内），思前想后，悲愤地对自己的几个儿子和家人说："为官不能效忠于国，不能报答于民，千古落骂名，生有何益?"还说："死者，士之常分。吾蒙恩居上司，疾奸臣狡猾而不能诛，恶嬖女倾乱而不能禁，何面目复见日月！身死之日，以杂木为棺，布单被，裁足盖形，勿归家次，勿设祭祀!"说毕就饮鸩酒而死。其时为 124 年 3 月，杨震年寿 64 岁。

杨震"性公廉，不答州郡礼命"。他的家人和子孙"食不鱼肉，行不车骑"。有些亲朋故旧劝杨震在为官之后添置产业，买些田，盖些房，他不愿意，说："使后世称为清白吏子孙，以此遗之，不亦厚乎?"意思是让我的儿孙后代被世人称为清廉官吏的子孙，将这样的美名留给子孙，这不是很丰厚的遗产吗?

125 年 11 月，顺帝刘保即位，樊丰、周广等人皆被处死。杨震的门生虞放、陈翼等上疏要求查实杨震的冤案。顺帝刘保感其忠心，赠钱百万，以礼改葬于华阴潼亭(今在潼关境内)。临改葬时，顺帝刘保亲自草诏祭道："故太尉震，正直是与，俾匡时政，朕之不德，用彰厥咎，山崩栋折，我其危哉! 今使太守丞以中牢具祠，魂而有灵，傥其歆享。"

杨震一生刚正不阿、清廉正直，不恋金钱，不为个人私利而与世俗权贵同流合污，从而做到了常有而不失，常胜而不败，常贵而不贱，留下一世清名，为世人景仰，达到了"圣人去奢"的境界。反观当初与其同一时代而不能做到"去甚，去奢，去泰"的一些玩弄权术、牟取私利的权贵们，或遭贬、或被赐死，落得个千古骂名，为后人所不齿。

博施于民而能济众

子贡曰："如有博施①于民而能济②众，何如？"
——《论语·雍也》

注 ①博施：广泛地给予恩惠。
②济：救济，帮助。

●●●● 释义 ●●●●

子贡说："假若有一个人，他能给老百姓很多好处又能周济大众，怎么样？"

孔子一向推崇仁的主张。所以当子贡问他："假若有一个人，他能给老百姓很多好处又能周济大众，怎么样？可以算是仁人了吗？"孔子回答说："岂止是仁人啊？简直是圣人啦！就连尧、舜都难以做到呢！"

"仁"字，由"人""二"合成，单个的人无所谓仁不仁，有了两个人，自己与对方，才会有"仁"发生的空间。换言之，仁讲的是人与人相处的原则。我们生活在社会中，社会本身是一个大集体，由个人组成却又高于单个成员，每个人都不能脱离集体单独存在，都要和其他人产生这样那样的联系。那么，如何真正以"仁"处世？仁者爱人，宽则得众。人和人之间应该彼此互相帮助、团结合作，多从对方的角度、立场着想，成全别人的同时其实也成全了自己的问心无愧。每个人的成功都需要他人的扶助，而如果有一天你可以骄傲地告诉自己的友人在成功路上你曾经陪伴过他的风雨一程，其实，你也在使自己获得幸福和圆满啊！

北宋著名的文学家欧阳修自小丧父，家境贫困，母亲是用荻草的秆画在地上教他读书识字的。但这样的逆境并没有磨灭他的意志和仁爱之心，

尚德

相关链接：但患我不肯济人，休患我不能济人。
——王永彬：《围炉夜话》

反而使他更加深知贫寒家境的孩子要付出多倍的努力才能获得成功。后来他考取进士，位居相位，官位和著名文学家范仲淹一样。他支持范仲淹的政治改革，当范仲淹因改革被罢官后，欧阳修不顾个人得失，愤然上书斥责那些把持朝政的权臣，自己也因此而遭到贬官。

欧阳修不但大力改革文风，还十分注意发现和提拔人才。许多勤学苦读却报国无门的学子在他的赏识和提拔举荐下，得以成为国家的有用人才。有名的曾巩、王安石，包括后世闻名的"三苏"，都曾得到过欧阳修的帮助和提携。当年，欧阳修慧眼提拔苏东坡时，曾有人劝他："苏东坡才情很高，如果您提拔此人，只怕十年之后，天下人便只知东坡而不知欧阳修了啊！"可是胸怀宽广的欧阳修对此种说法一笑而过，依旧不遗余力地给予苏东坡帮助。多年以后，欧阳修去世，已脱颖而出成为一代文豪的苏东坡对欧阳修依旧感恩在心，挥毫写下名动千古的悼文。这难道不是仁德的绝世佳话吗？成就了别人的欧阳修，同时也成就了自己的高尚品格，一直备受后人崇敬。

所以，无论何时何地，助人为乐、济人危难、成人之美的善行无疑是在这样相互依存的社会中，人与人之间最美好的情感了。

相关链接：君子和而不流。——《礼记·中庸》

致广大而尽精微，极高明而道中庸

致①广大②而尽③精微④，极⑤高明⑥而道⑦中庸。

——《礼记·中庸》

注

①致：达到。
②广大：最广最大的地步。
③尽：用心研求。
④精微：最精最细的道理。
⑤极：穷尽。
⑥高明：最高最光明。
⑦道：寻求大道。

●●● 释义 ●●●

用力去达到那最广最大的地步，养护自己的诚心，用心去研求最精最细的道理，使内心明白。穷尽那最高最光明的大道，研求那不偏不倚的中庸大道。

在古人看来，真正有道德的君子是先看重自己的德行和品性，然后再去研求大学问。因为按照古人的说法，大道，或可称为圣人之道，大大小小事无巨细全都包括在内。大的礼节规矩起码有三百条，小的规矩细节则多达三千条，这些只有具备完美道德的人才有可能去做到。为此，有最大德行的人"用力去达到那最广最大的地步，养护自己的诚心，用心去研求

名家美文话格言

相关链接：见不贤而内省也。——《论语·里仁》

最精最细的道理，使内心明白。穷尽那最高最光明的大道，研求那不偏不倚的中庸大道"。简言之：务大，慎小，然后知中庸之大道。

首先要务大。务大，使一个人能够胸怀大志，眼光开阔。其次要慎小。慎小，可以使得一个人步步扎实前行，所谓"取乎其上，得乎其中；取乎其中，得乎其下；取乎其下，则无所得"。一个人如果胸怀大志，内在的无穷力量蓄意待发，同时又能够谨慎细致处处考虑周全，还用害怕看不到光明的中庸大道吗？天地间的一切大道，从来都是博大而厚实的，高大而长远、悠久的。有人曾经这样说过：谈到天，我们所看见的不过是一点点不多的亮光，但讲到它无穷的一面，日月星辰又都被它覆盖了；谈到地，用手抓也不过一把泥土而已，但是如果讲到它辽阔深厚的一面，它却又负载着山丘、容纳着江河湖泊、承载着世上的万物；谈到山，人只能拿起上面的一小块石头，可是讲到它广大巍峨的一面，草木却又生长其上、飞禽走兽却又深藏其中、无数的财宝却又隐藏于其下；最后谈到水，人可以从中取出一小勺的量，但如果谈到它深不可测的一面，许多的生物却又生活其中。所以，认识这个我们所熟知的世界、感受我们所熟知的社会，我们的眼光都不能停滞在原地，而是要看得高看得远、看得深看得细。这样才能体会到"中庸之道"的深奥所在。

春秋时期，杜赫向周昭文君讲解安天下的方法，并用安定天下的谋略劝说周昭文君。昭文君对杜赫说："愿意学习安定周朝的方法。"杜赫回答说："从前舜想要收服海外但没有实现，即使这样也足以成就帝业了；禹想要成就帝业但没有实现，即使这样也足以统一海内了；商汤和武王想要继承禹的大业但没有实现，即使这样也足以统一到交通所到的地方了；五霸想要继承商汤武王的大业但没有实现，即使这样也足以号令诸侯了；孔子和墨子想要推行大道但没有实现，即使这样也足以成为名声显赫的人了。"杜赫告诉周昭文君的道理是，人要"务大"，只有怀着宏大的理想和愿望，才有可能致力于大事，真正地开拓创新、建功立业。

但是，我们在"务大"的同时，也不能忽视"慎小"。您一定听说过"千里之堤，溃于蚁穴"吧？所以，事情的细微处同样值得我们好好研究，做大事成就大事业的人，往往成功的关键就在于从小处着手、对细微之处慎重严谨。吴起治理西河的时候，想要向百姓表明他的诚信。一天夜里在城南门外面放了一根标杆，传令城里的百姓说："明天谁能放倒城南门外的标杆就让他做长大夫。"第二天到天黑了，还是没有人放倒标杆。百姓们互相议论说："这一定不可信。"有一个人说："我去把标杆放倒试试，得不到奖赏就算了，也没有什么损失啊。"他放倒了标杆，然后去见吴起。吴起接见了他，并让他做了长大夫。一天夜里，吴起又放了一根标杆，又像上一次一样传令城中百姓，城里的人在城门口争着想要放倒标杆。但这次标杆埋到了地下，没有人能够放倒标杆得到奖赏。从此以后，百姓就开始相信吴起的奖赏和惩罚了。奖赏和惩罚都得到了百姓的信任，还有什么命令不能得到执行呢？这样领导下的世事民风当然也就会渐渐仁德为上、大道为主了。

所以，提高我们的思想高度、开阔我们观察的角度去"致广大"；研究最细致微小的道理以达到"尽精微"，这样我们就离极高明的"中庸之道"越来越近了。

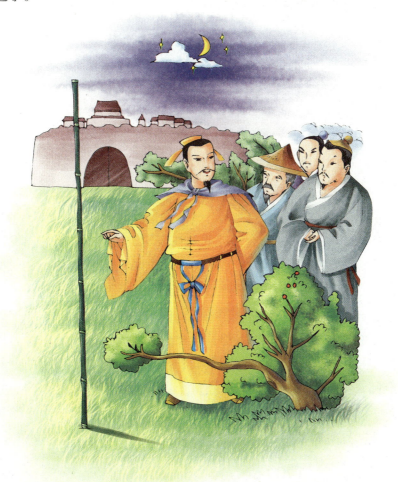

文质彬彬，然后君子

子曰："质①胜文②则野，文胜质则史③，文质彬彬④，然后君子。"

——《论语·雍也》

> **注**
> ①质：质朴。
> ②文：文采、文饰。
> ③史：虚浮不实。
> ④彬彬：相杂适中的样子，指配合适当。

●●● 释义 ●●●

　　孔子说："质朴胜过了文饰就会粗野，文饰胜过了质朴就会虚浮，质朴和文饰比例恰当，然后才可以成为君子。"

　　孔子此言"文"，指合乎礼的外在表现，他从礼的思想出发，通常把华美的装饰看作权力、地位、礼仪的象征；"质"，指内在的仁德，只有具备"仁"的内在品格，同时又能合乎"礼"地表现出来，方能成为"君子"。文与质的关系，亦即礼与仁的关系。这段话既体现了孔子所竭力推崇的"君子"之理想人格，又反映了他一贯坚持的中庸思想：即不主张偏胜于文，亦不主张偏胜于质；当不偏不倚，执两用中，而做到这两点都属不易。孔子一直是很重视个人修养以及外表礼仪的。所以他强调一个君子既要有着不凡的文采，也要具备良好质朴的个人品质和优雅的外表，只有两者相互陪衬，相得益彰、均衡交融，言行文雅而又真实、合乎中道，才是真正"文质彬彬"的君子。

相传明代著名才子唐伯虎从小聪颖机灵。因为他的父亲在苏州街头开了一家酒店，常有文人墨客来开怀畅饮、吟诗作对。耳濡目染之下，读书本就努力的唐伯虎日渐具有不凡的文采，而喜爱绘画的他更是天天不懈地练习各种绘画的技巧。有一天，江南大才子祝枝山来到他家的酒楼，见到四壁上贴的画山清水秀、花鸟栩栩如生，忍不住连声赞叹："这位少年公子真是有才气啊！"于是爱才惜才的他对唐伯虎说："我给你找个丹青妙手当老师吧！"说完便匆匆离去，不一会儿就带来当地著名的画师沈石田。沈石田先是仔细看了唐伯虎的画作，心底暗自赞叹："这个孩子还是很有天分的啊！"又细细端详很有礼貌的唐伯虎，心想："只是不知这孩子有没有灵性？"看来，沈石田是在以孔子"文质彬彬"的要求考验挑选自己的弟子呢！于是，他挥笔写下四句诗："解落三秋叶，能开二月花。过江千尺浪，入竹万竿斜。"要唐伯虎当堂猜答。聪慧的唐伯虎略一思考，当即写下一个"风"字，双手捧上递给沈石田。沈石田一看，点头赞许，马上收下了这个文质兼备的弟子。

一个人的文采固然重要，但如果光有飞扬的文采，个人修养却是不值一提，只怕再优美的文字也得不到人们的许可和赞扬；相反，一个人具有良好的言行举止，谦和有礼，但学问不深，连一篇像样的文章也要踌躇半天，那也肯定谈不上是一个君子了。俗语说：腹有诗书气自华。所以，文质兼修，方能成为一个仁德兼备的君子，成就一番真正的大事业。

因此，不论做人，还是为文，请记得：文德兼修，才称得上是个谦谦君子。

尚德

相关链接：富贵不能淫，贫贱不能移，威武不能屈。——《孟子·滕文公下》

中庸之为德也，其至矣

子曰："中庸①之为德也，其至②矣乎！民鲜③矣。"

——《论语·雍也》

> **注**
> ①中庸：宋程颐注，"不偏之谓中，不倚之谓庸"。
> ②至：最。
> ③鲜：少。

●●●释义●●●

孔子说："中庸这种道德，该是高的了，大家已经是长久地缺乏它了。"

任何一种思想，倘能经受住历史长河的淘洗而历久弥新，都应有其内在的魅力、恒久的价值。孔子的中庸思想在当今社会重现其活力、重放其光辉，就是如此。

孔子把中庸称为至德，这说明他把中庸作为道德的最高准则。孔子的中庸之道，就是反对过与不及，要在过与不及两端之间转折和把握一个"度"，以保持事物的常态。按宋代学者程颐的解释，就是"不偏之谓中，不倚之谓庸"。

孔子中庸之道的思想特色主要体现在三个方面：一是把中庸之道落实到礼治秩序上；二是崇尚"致中和"的精神，并把"和"提升为儒学体系的认识论范畴；三是把中庸之道提升到"天人合一"的高度。这是孔子思想的闪光点，也是孔子思想的显著特色。它以"仁"为基本内核、以"礼"为外在实现形式、以"和"为精神风韵，倾注着对人类自身存在与发展等问题的无比关心，饱含着对人类与自然和谐相处的无限情怀。

孔子开创的儒学，把重点放在探讨为人处世等问题上，一方面，孔子的中庸之道也是修身养性之学。就是要调节自己的思想和行为，使之符合礼仪的准则，要求人们"居处恭，执事敬，与人忠"，"己所不欲，勿施于人"，"己欲立而立人，己欲达而达人"。孔子认为，一个人只有在身修性养之后，才有可能成为与"小人"有别的"君子"，进入"君子和而不同，小人同而不和"的境界，做到"修己以安人""修己以安百姓"。同时。孔子也重视政治上的中庸之道，主张"举直错诸枉"，"节用而爱人，使民以时"，"道之以德，齐之以礼"，特别是对舜"执其两端，用其中于民"的政治艺术非常推崇。

另一方面，孔子讲对人的中庸之道，并不是讲一团和气，掩盖矛盾，而是讲原则、讲礼制的。在孔子及孔门弟子看来，"中庸"是人生的追求、人类的目标，但"中庸"的实现，要"以礼节之"。也就是说，制礼，守礼，只有"克己复礼"，才能"天下归仁"。否则，和稀泥，不讲原则，放弃斗争，那是不道德的。孔子认为，这种拉帮结派、党同伐异的小人之"和"的实质是"同"而不是"和"，有道君子对这种形"和"实"同"的现象应坚决反对。他明确地说："礼之用，和为贵。"

孔子讲中庸之道，最突出的贡献在于他把人类社会与人类生活所依托的宇宙结合起来、贯穿起来，当成一个整体来看待，追求一种"天人合一"的高尚境。孔子认为，孕育四时和万物的"天"虽然高大得很，人类不可违逆，违逆就是失"和"，但它的规律可以认识，可以利用，人类可以效法"天"，也只能效法"天"。所以孔子对自然一方面是敬畏，另一方面又如赤子一般，对大自然非常热爱、非常依恋，把人与自然界视为一个整体。在两千五百多年前，孔子就关心生命，提倡保护动物，反对人类竭泽而渔式地向自然界索取。孔子本人在钓鱼时就只用一个鱼钩的钓竿，而不用大渔网；打猎时，只射飞鸟，不射在巢中歇宿之鸟。这样，与人类生活在同一个地球上的动物就可以繁衍生息，不致绝灭；人类与自然界的平衡就可以永久保持，不致破坏。

尚德

相关链接：尧曰："咨！尔舜！天之历数在尔躬，允执其中。"——《论语·尧曰》

后来，孔子的中庸之道得到进一步发展，形成了"致中和"的思想。最经典的语句就是"喜怒哀乐之未发，谓之中；发而皆中节，谓之和。中也者，天下之大本也；和也者，天下之达道也。致中和，天地位焉，万物育焉"，从而把中庸思想生成为"中庸之道"，生成为一种中国人的思维方式、认知方法。

所以说，在孔子的思想体系中，中庸之道是一种精神，一种追求，一种状态，一种境界，一种政治智慧，一种人文关怀，一种道德诉求，更是一种理想境界。所以他说"中庸之为德也，其至矣"。

大学之道，在明明德，在亲民，在止于至善

大学之道^①，在明明德^②，在亲民^③，在止于至善。

——《大学》

注

①大学之道：大学的宗旨。"大学"一词在这里是相对于小学而言的，是"大人之学"的意思。

②明明德：前一个"明"作动词，有使动的意味，即"使彰明"，也就是发扬、弘扬的意思。后一个"明"作形容词，明德也就是光明正大的品德。

③亲民：亲爱民众的意思。

●●●● 释义 ●●●●

《大学》的道理，在于彰显人自身所具有的光明德性，亲爱民众，使人们达到最好的理想境界。

在中国的传统文化中，有一本重要的经书，也是"四书五经"中的一本，叫《大学》。《大学》开篇即言："大学之道，在明明德，在亲民，在止于至善。"明明德、亲民、至善，这三点就是《大学》的"纲领"。

大学者，大人之学也。也就是说，告诉你怎样做一个大人。这个大人，不是说做官的大人，也不是说长辈或成年人，它指的不是社会地位、辈分或年龄等人的存在形式，而指的是内在的人格。所谓大人，指的是品格高

尚的人。

"明明德"三字，是三纲领的基石。对于"明明德"的解析，自古以来仁者见仁，智者见智，莫衷一是。德这个汉字，古代写作"惪"，直心即是德也。德的本意，指的是一颗天真率直的心。真心谓之德，真情谓之亲，草木萌芽者皆谓之民。真正的大学之道，在于你能否明白你那颗晶莹透明的真心，在于你能否用那颗真心去对待身边的每一个生命，在于你能否到达本性纯洁的至善境界。

德者得道也，即上古有道的圣王像日月一样，能够以自己的德性给人们以光明与清静的美善作为。所以，"明德"的原意就包含了有道者以道化民的意思。而《大学》当中的"明明德"有两层意思，一是指人身之中自有明德，二是将其自身的明德彰显出来。

对"在亲民"的解释，学术史上一直存有争论。程颐、朱熹主张"亲民"当作"新民"，他们主要是看到下文有"苟日新，日日新""作新民"等语。反对者大有人在，影响较大者古代如王阳明，现代有段正元和南怀瑾。不过，学术界普遍认为"亲""新"二字在古时是通用的，如郭店竹简中有"教民有新（亲）也"（《唐虞之道》），"不戚不新（亲），不新（亲）不爱"（《五行》）等语，其中"亲"皆写作"新"，说明"亲""新"本可通用。"亲"和"新"虽一字之差，实际上却有很大差别。"在亲民"是把"我"和"民"置于平等地位，"我"是在尊重"民"，与"民"交朋友。"在新民"即指"大学之道"在于"新民"，"新"是动词，"新民"即使"民"更新，使"民"改变旧貌。这样的话，"在新民"就有"我"居于道德优越的高位之上，以救世主的身份去开化"民"、去改造"民"的意思，因为"我"新而民"旧"，"我"智而民"愚"，"我"明而民"昧"，因此"我"就是教化者而"民"是被教化者，"我"居主动而"民"处于被动，容易导致一种思想的专制。所以，理解为"亲民"应该更好一些。"亲"在此所指的，是仁爱，慈爱。亲生于仁德，只有具备仁德的人，才能生出亲爱之心。修持仁德，是亲爱、亲近众生的基础。民，《说文》中说："众萌也"。从古文之象。民也就是众生，不分贵贱善恶的民众。唐代孔颖达疏"亲民"云："在亲民者，言大学之道在于亲爱于民。"

"止于至善"是三纲领中的第三纲。大学之道的基础和根基，就是达到至善的境界。什么叫"止于至善"？"止于至善"就是达到"内圣外王"合一的最高生命境界，实现"明德""亲民"合一的最高人格理想。也就是说，既"明明德"又"亲民"就是"止于至善"。在一个人的生命中，个体生命实现了"明德"这个"内圣"的最高价值，同时又给社会、给人类作出了"博施广济"的事功和贡献，就达到了"至善"。所以，"止于至善"是儒家所追求的最高的人格理想，或者说是中国人、中国文化所追求的"内圣外王"的理想生命形态。

"明明德"，"亲民"与"止于至善"这三纲实际是密不可分的。"明明德"，"亲民"是以"止于至善"为目标，而只有确立了"止于至善"的目标，也才能真正地"明明德"，"亲民"。"止于至善"，是把最高的价值追求落实在天下每个人的"明德"，"亲民"之中，使其内在化、精神化。这才是"大学之道"。

相关链接：养生治性，行义求志。——苏轼

君子之德风

君子之德风，小人之德草，草上之风必偃^①。

——《论语·颜渊》

> 注　①偃：仆倒。

●●●● 释义 ●●●●

君子的德行好比风，百姓的德行就像草，风吹在草上，草一定顺着风的方向倒。

《论语》曰："君子之德风，小人之德草，草上之风必偃。"意思是说：上层的道德好比风，平民百姓的言行表现像草，风吹在草上，草一定顺着风的方向倒。为政者必须以自己的良好行为作出表率，正己，然后才能教化百姓，这就是"政"。孔子说："政者，正也。子帅以正，孰敢不正。"为政者的关键是要"正"，如果为政者自己身正，其民众就没有不正的。所谓"身正"就是指为政者的道德人格，为政者自己"身正"，其人格影响力就能达及于下级和民众中去，他们就能够自觉地遵守社会规范，而不需要命令他们去做什么，才去做什么；相反，为政者自己身不正，你下命令去强制他们做什么，他们也不会服从。这就是"君子之德风，小人之德草，草上之风必偃"这样一种势态。就是说为政者的高尚的道德品质和情操所形成的人格影响力，就像风一样所向披靡，无不折服。

事实上，为政者以身作则，所言所行为众人所效法，就是传统道德文化中的表率作用，这种表率作用，引导和推动着整个社会生活的道德风尚的形成与发展。经过长期的文化积淀过程，"君子之德风"的表率本身大体上分做三个层面，即："上行则下效""正人先正己"和"身教重于言教"。

首先是"上行则下效"。这是在社会生活的长期实践中，儒家对其进行观察总结，首先提出来的。儒家经典《礼记·大学》里有这样的话："一家仁，一国兴仁；一家让，一国兴让；一人贪戾，一国作乱，其机如此。"这里说的意思很清楚，"一家"是指国君或诸侯之家，"一人"是指国君或诸侯一人。他们的作为，或"仁"或"让"，或"贪戾"或"作乱"，是一种有形和无形的导向，对一国一地的影响是巨大的，所以说"其机如此"。诗人白居易在一篇文章中说："君好则臣为，上行则下效。"这样，"上行下效"就变成了社会的道德模式，流传开来。

其次是"正人必先正己"。春秋时代，鲁国中叶季康子执政，歪风邪气盛行，"政由大夫，家臣效尤，据邑被迫，不正甚矣"。季康子向孔子讨教治理之策，孔子对症下药，给了他四个大字："政者，正也。"告诉他为政的关键是自己行得端、做得正。唯恐季康子听不懂他的意思，孔子进一步强调说："子帅以正，孰敢不正？"（《论语·颜渊》）你带头端正行为，下面的人哪个敢不正、谁敢乱来？

再次是"身教重于言教"。有一个很有名的历史故事。春秋时晋国的狱官（掌管司法的官）李离，为人正派，执法严明。有一次，由于听信了下属的一面之词，错判了一个案件，枉杀了无辜。后来，李离知道了案情的真相，深感自己的失职，便请求晋文公处他死刑以赎罪。晋文公认为："官有贵贱，罚有轻重。"况且，这个错案的主要责任在下属，不该由李离受罚。李离听了晋文公的话以后，说了这样一番令人感叹的话：我居官为长，这个官位我并没有让给下属来做；我受禄为多，所拿的俸禄也没有和下属一起分享。现在出了"过听杀人"的错误，却要把责任推给人家，"非所闻也"。他执意要按照"失刑则刑，失死则死"的法理，按律处置。我既然触犯了"过听杀人"的刑律，"罪当死"。于是，不听晋文公的劝说，自己"伏剑而死"。这件事被司马迁写进他的不朽巨著《史记》里，得以广泛流传，成为"身教"的经典范例。

《论语·为政》说："为政以德，譬如北辰，居其所而众星共之。"是说以"德"的原则为政，就会如同北极星一样，自在其所，而群星都拱卫于四周。为政者自己的言行要想得到人们的尊重，没有别的诀窍，唯有以自己的道德表率和示范作用来教育和感化百姓，而不是把目光朝下去要求百姓。

故远人不服，则修文德以来之

子曰："故远人①不服②，则修③文德以来之④。"

——《论语·季氏》

> **注**
> ①远人：远方的人。
> ②服：归服。
> ③修：整治、锻炼。
> ④以来之：使人归服。

●●●● 释义 ●●●●

孔子说："如果远方的人还不归服，就用仁政招徕他们使他们归服。"

仁义一直是孔子思想的核心。不管是个人的修身立德，还是一个国家的政治管理，都必须以宽和仁厚为准则，以坦然纯良的态度面对，才能使自己立于不败之地，在诡异多变的社会中收获自己的一份清净福地。

春秋时期，鲁国三卿孟孙、叔孙、季孙是当时国内权势很大的贵族。甚至从鲁宣公起，这三家的势力几乎超过了国君，尤其是季孙氏，一连几代都把持操纵着鲁国的政事。

季孙氏和当时的鲁国国君矛盾很大，因此担心国君鲁哀公利用颛臾的有利地势袭击自己的封地，于是打算先下手为强，攻伐颛臾。当时冉有和

相关链接：子曰："丘也闻有国有家者，不患寡而患不均，不患贫而患不安。盖均无贫，和无寡，安无倾。"——《论语·季氏》

021

名家美文话格言

相关链接：叶公问政。子曰：「近者悦，远者来。」——《论语·子路》

季路都在他手下做事，知道这件事后马上去告诉了孔子。孔子生气地说："这是你的错啊，冉有。颛臾从前是周天子让它主持东蒙的祭祀的，并且是在鲁国的疆界内，是国家的臣属啊，你们为什么要讨伐它？"冉有很是委屈地说这并非他们的意愿。于是孔子教导他们说："冉有！周任有句话说，'能够贡献力量，这才任官就职，如果不能，就辞职不干。'国家现在有了危险而不去扶助，跌倒了不去搀扶，那还要辅助的人干什么呢？"冉有辩解说："现在颛臾的城墙坚固，离我们的封地也确实很近，如果现在不强夺过来，只怕将来有后患啊！"于是孔子一针见血地指出："冉有啊，君子最讨厌那种不说自己贪心却还在一味为自己找借口的人。我听说不管是诸侯还是大夫，不怕钱少而怕分配不均，不怕贫穷而怕不安定。因为平均分配也就无所谓贫穷，大家和睦也就感觉不到人少，安定了才没有危险。这样，如果远方的人还是不来归服，我们就用仁政招徕他们，如果来了，则要安抚他们。这才是为政之道啊！现在，你们辅助着季孙家，不是在努力修自己的'文德'以使远人归服，却在这里想用武力讨伐颛臾引起内部不安定，只怕最后的忧患不在别人，而在季孙自己啊！"因此，治理国家并不能奢望用武力来使人臣服，而是要用仁爱宽厚之心为本，才能真正形成安定祥和的国风民风。真正有道明君也必然是能安定民心，使人民安心快乐地生活，那么，就一定会出现"近者悦，远者来"的良好政局。

我们做人也应该这样。一个人应立足于社会，就像英国著名哲学家洛克所说，没有人生来是个孤岛。那么，在希望得到朋友亲人的温暖和真诚之前，在盼望获得他人和社会的尊敬和重视之前，在想要自己的事业和人生丰富圆满、成就非凡之前，你应该先问问自己：是否修文德习仁义了？只有自己成为一个真诚谦和的君子，让人容易亲近甚至是陌生人都能感觉到你春天般的温暖，你才有可能拥有更多的真挚关怀、拥有更多的敬爱尊重，也才可能达到自己的目标，成就自己的卓越人生。

据说南北朝时有位饱学之士叫吕僧珍，世代居住在广陵地区。他为人谦恭谨慎，品格高尚，所以在当地有很高的声望。南康郡守季雅是个正直的人，为官清廉、秉公执法，为此得罪了很多人。被罢官之后搬出府第，四处打听新的住所。他早就听说吕僧珍是个君子，刚巧吕家隔壁的人要搬走，打算卖掉房子。于是季雅赶快找到这所房子的主人，以高价买其房，那家人自然是高兴异常，当即同意把房子卖给他。

　　待到季雅将家眷接来住下以后，吕僧珍来拜访新邻居，两人寒暄之后，吕僧珍问季雅："先生花了多少钱买这栋房子？"季雅如实回答。吕僧珍大为惊讶，说："先生，太贵了，太贵了。您怎么以这么昂贵的钱买这房子呢？"季雅回答道："先生有所不知，我花的这些钱里，最主要是买您这位德高的好邻居啊！"

　　"远人不服，则修文德以来之"，它深刻地告诉我们：相信自己，明白自省修身的道理，懂得付出和给予。如能这样，相信不用你求，远人自动就来求了。

穷则独善其身，
达则兼善天下

穷^①则独善其身，达^②则兼善天下。

——《孟子·尽心上》

> **注** ①穷：穷困。
> ②达：显达。

●●● 释义 ●●●

穷困时独善其身，显达时兼善天下。

思想史上流行的观点认为，"穷则独善其身，达则兼善天下"是中国文化精髓的"儒道互补"的体现：前半句表达了道家的豁达态度与出世境界，而后半句则显示出儒家的理想主义和入世精神。这也是中国文化史上的一种士的精神。

儒家所认为的"士"是以天下为己任的，并且，仁和道义是士的基本品格。所以孟子说"无恒产者而有恒心者，唯士为能"。他们具有独立不倚的人格，坚强、果敢的品质，在他们身上，负有重大的历史使命和落实这一使命所必需的艰难崎岖的人生历程。

东晋时的陶渊明就具有这种"士人"特有的精神气质，在他身上也充分体现了"穷则独善其身，达则兼善天下"的这种"士人"的精神境界。陶渊明一生都没有放弃远大的政治抱负，他辞官"归园田居"是理想破灭之后不得已的行为，他之所以除了写田园诗外还写了不少咏怀诗，说明他心中有壮志难酬的深刻痛苦和愤懑，他绝不是"浑身静穆"的，而这当然要归咎于当时无人赏识和重用他的现实。陶渊明出生在破落官僚家庭，曾祖陶侃是东晋的开国元勋，官至大司马，封长沙郡公。祖父、父亲均做过太守。外祖父孟嘉曾任征西大将军桓温的长史，但到陶渊明出生时，家道已衰落。"少而贫病，居无仆妾，井臼弗任，藜菽不给。"（颜延之《陶征士大讲述诔》）

相关链接：非淡泊无以明志，非宁静无以致远。——诸葛亮：《诫子书》

"自余为人，逢运之贫。箪瓢屡罄，希谷冬陈。"（《自祭文》）这是他少年时代生活的真实写照。青年时期，他曾有"大济于苍生"的雄心壮志。他在《杂诗》中说，"忆我少壮时，无乐自欣豫。猛志逸四海，骞翮思远翥"，吐露出建功立业的宏愿。但是，他所生活的东晋时代，举贤不出士族，用法不及权贵，门阀制度极其严酷，使他无法施展自己的才能与抱负。陶渊明 29 岁时，为谋出路，开始走上仕途。先做江州祭酒，不久，因"不堪吏职"便辞官而归。州府召他任主簿，他不肯就职，在家中闲居了六七年。40 岁时，出任镇军将军刘裕的参军，后又做建威将军、江州刺史刘敬宣的参军。41 岁辞归。同年八月，在亲友的劝说下，出任彭泽令。任职八十余天，传来了妹妹死于武昌的噩耗。这时，又正逢郡派督邮来县巡视，县吏告诉他"应束带见之"，渊明说："我岂能为五斗米，折腰向乡里小儿！"当天便解绶辞官回乡。他终于同黑暗官场彻底决裂，抛弃功名利禄，归隐田园。

所以说"穷则独善其身，达则兼善天下"这句话代表了中国士人对待人生穷达的主要观点。

修身之德

修身养德是做人之本、成事之基。
我国古代教育极重视"修身"教育，
在传统的思想文化中，"修身"是作
为道德养成的重要一环加以强调
的。

爱人者，人恒爱之；
敬人者，人恒敬之

爱人者，人恒①爱之；敬②人者，人恒敬之。

——《孟子·离娄下》

注
①恒：永恒。
②敬：尊敬。

•••••• 释义 ••••••

真诚地关爱别人，能得到别人永恒的爱；真诚地尊敬别人，能得到别人永恒的尊敬。

"爱人者，人恒爱之；敬人者，人恒敬之"，这句贤文意指一个人只有真诚地关爱别人，才能得到别人永恒的爱；一个人只有真诚地尊敬别人，才能得到别人永恒的尊敬。相反，如果一个人不爱别人，那么也不会得到别人的爱；如果一个人不尊敬别人，那么也不会得到别人的尊敬。爱与敬是双向的，没有播种就不会有收获。

儒家思想的创始人孔子对仁爱做出过深刻的论述，曾大力宣扬"仁"的学说，认为"仁"即"爱人"，提出了"己所不欲，勿施于人"，"己欲立而立人，己欲达而达人"的"忠恕"之道。儒家思想长期占据我国历史的统治地位，仁爱是儒家思想的主要内容，仁爱思想被历代贤哲智士不断弘扬光大。仁爱讲究奉献，不求索取；仁爱提倡扶危济困，尊老爱幼。仁爱作为一种做人的美德，成为古今中外各界人士所崇尚的行为。

因"文景之治"而名垂史册的汉文帝刘恒，是中国历史上以仁爱治天下的典型。作为一国之君，如何治理百姓和国家，是历代帝王都非常重视的问题。以"仁爱"治天下是最符合儒家道德传统标准的。在《孝经·天子章第二》中，孔子就论述了天子如何以仁爱治天下的具体要求："天子要对百姓仁爱，不施行暴政；要对百姓尊敬，不能傲慢。对百姓的仁爱和尊敬要像对待自己的长辈一样，以德孝对待百姓，施行天下，这就是天子之孝。"也就是说，天子只有对百姓仁爱、尊敬，才能深得人心、巩固政权，这是天子最大的孝道；否则，百姓造反、江山改易，就会成为天子最大的不孝。因此，明智的帝王都把施行仁政作为自己的至高境界。汉文帝是汉高祖刘邦的第四子，早年被封为代王。当刘邦去世、吕后发动宫廷政变，刘、吕两大集团权力纷争的时候，刘恒的母亲薄氏带着幼小的刘恒，离开了宫廷这一是非之地，来到远离京城的代王封地。薄氏知书达理，深明大义，教育刘恒读诗学经，为人处世。刘恒从小就深受仁爱思想的熏陶，不仅学到了许多治国之道，而且懂得了许多做人处世的道理。

吕后驾崩，周勃、陈平率刘氏集团剿灭了吕氏全族，经过对刘氏集团人才的考核，最后决定拥立代王刘恒为帝。刘恒即位时，汉朝国力还很贫弱，大夫以下只有牛车坐。汉文帝施行仁政，终于使天下大治。具体措施有：

要求朝廷百官和地方守令重视农业，劝民农桑，薄徭役，减赋税，激发农民的生产积极性。在汉文帝十三年，还免除了全国一年田地租税，这在中国封建史上是很少有的。

鼓励人们向朝廷提意见，即使咒骂皇帝也不治罪。这在中国封建皇帝中也是极其罕见的。

提倡节俭。汉文帝生活极为简朴，他在位24年，宫室、园林、服饰和御用器具没有什么增加。据史书记载，汉文帝为了节省黄金百斤，曾取消了建造露台的计划。

此外，汉文帝还废除了断肢、割鼻、刻肌肤等肉刑，减轻了笞刑，并要求官吏断案从轻，只求大旨，不求细苛，使全国刑狱大减。

汉朝经过他的"仁政"治理，生产得到极大的发展，府库充盈，政通人和，百姓乐业，汉朝的政权得到了巩固。

据说汉文帝死前还告诫太子，自己驾崩时不要禁止百姓娶妻、祭祀、饮酒，不要万民恸哭，显示了一个仁爱贤明者的本性。刘恒死后，谥曰"文帝"。在历史上，死后谥号为"文"的皇帝并不多，因此有史学家评价 400 年的汉朝时，有"功莫大于高祖，德莫厚于汉文"之说。汉文帝因其"仁爱"人民，所以他也得到了人民的"恒爱之"。

"爱人者，人恒爱之；敬人者，人恒敬之。"推而广之即人要有一颗爱天、爱地、爱人的心。做人最博大的自由是爱，做人最富有的财产也是爱。爱的成就无限宽广，因为它能到达一切才智难以到达的彼岸。

名家美文话格言

相关链接：治外物易，治己身难。——林慎思

博学而笃志，切问而近思

子夏曰："博学①而笃②志，切问③而近④思，仁在其中矣。
——《论语·雍也》

注
①博学：学问广博。
②笃：坚持。
③切问：恳切地思考发问。
④近：身边的事情，当前的问题。

●●● 释义 ●●●

子夏说："广泛地学习而且坚守自己的志趣，好问而多想当前的事情，仁德也就在其中了。"

既要广博地学习，又要有一个追求的中心，这就叫"博学而笃志"。既要多问问题，又不要好高骛远，不切实际地空想，而要多想当前的事情和与自己的实际情况密切相关的事情，这就叫"切问而近思"。用简单的语句来解释，博学是从各方面广博地去学习，以开拓知识的范围，笃志是向远处大处立个志向，立了志向，就要坚定不移，切问是切切实实地问，近思是由近及远地思考。这样，"仁德"就在其中了。

第一要"博学"。自古以来，读书一直是博学的共法，一个极愚笨的人，只要能努力读书，总会有所得。所谓"读书不厌百回读，熟读深思子自知"就是这个意思。书是古今作者心血的结晶，是思想的成果、经验的

相关链接：若泛问所未学，远思所未达，则于所习者不精，所思者不解仁者之性纯笃，今学者既能笃志近思，故曰仁在其中矣。——《注疏》

031

相关链接：学而不思则罔，思而不学则殆。——《论语·为政》

记录、情感的投射和世相的缩影。若能善用书籍，不知可以从中获取多少心灵的启示，可以省去多少时间、精力。所以说读书是走向成功的最好捷径，从古至今的才智之士没有不博览群书的。因此，要想博学，第一件事应该是读书。我们知道，在追求真理的路途上，老师的提携指点也是不可或缺的，但是一个人受教育的机会有限，负笈从师，岂是易事？幸好现代印刷术发达，各类书籍大量流通，因此我们可以自由地选择古今作者为师，接受教益，以补正式教育之不足。

第二要"笃志"。许多人读书而无所收获，半途而废，遇难而返，这就是缺乏耐心、毅力，所以对于书中的道理，当面错过，入宝山而空回，非常可惜。一个人做事要具有高度的耐心与毅力，读书，尤其读难懂之书要能追究到底，不弄清楚不肯罢休。这也就是孔子所说的"笃志"。

西方哲人曾经说过："与其花很多时间和精力去挖很多浅井，不如花同样的时间和精力去挖一口深井。"没有"笃志"的人只会是乱忙，就好像在挖那一口口浅井，根本不可能成功。一个人的精力和时间是非常有限的，在有生之年，把握住自己真正的志趣和才能的中心所在，专一致力于此并坚持下去，才可能业有所成，这就是"笃志"。

第三要"切问"。切问就是切切实实地问，必须先审察而后问，审察研究而仍有所疑。学贵乎疑，小疑则小进，大疑则大进。问必有所得，问方能进一步的有所疑，有了进一步的疑，再详加审察研究，可能自己就了解，如果不能了解，则应当再问，这是求学的必然途径。众所周知，好奇心乃科学前进的动力，学而不问，便只做了一半工夫。牛顿的好奇心使他发现了万有引力定律就是很好的例证。

牛顿，1642 年 12 月 25 日生于英国林肯郡伍尔索普村的一个农民家庭。他 12 岁在格兰撒姆的公立学校读书时，就表现了对实验和机械发明的浓厚兴趣，自己动手制作了水钟、风磨和日晷等。苹果落地引起他的注意是偶然的。一个炎热的中午，小牛顿在他母亲的农场里休息，正在这时，一个熟透了的苹果落下来，这个苹果不偏不倚，正好打在牛顿头上。牛顿想：苹果为什么不向上跑而向下落呢？他问妈妈，妈妈也不能解释。大凡科学家都保留一颗好奇心，牛顿也不例外，他成了物理学家后，想到了少年时"苹果落地"的事，推测可能是地球某种力量吸引了苹果掉下来。终于，牛顿发现了万有引力。

第四要"近思"。"物有本末，事有终始，知所先后，则近道矣"，"登高者必自卑，行远者必自迩"，近思就是运用思想由近及远，由易及难，由浅及深，由小及大，由已知及未知。唯有"近思"才能有所得，唯有"近思"才能有所启发。不能"近思"而好高骛远、脱离实际的人，注定只能生活在虚幻的空想之中。就好像没有坚实的基础，想要获得空中楼阁、海市蜃楼一样，注定会失败的。

好好读书，专心一用，放下无谓的白日梦，真正做到"博学而笃志，切问而近思"，这样，用孔子的话说我们就走在"仁"的路上了。

尚德

相关链接：养身者忘家，养志者忘身。——韩婴

名家美文话格言

相关链接：七十而从心所欲，不愈矩。——《论语·为政》

君子慎其独也

君子戒慎于其所不目睹，恐惧于其所不闻，莫^①见^②乎隐^③，莫显乎微，是故君子慎其独也。

——《礼记·中庸》

> **注**
> ①莫：没有。
> ②见：同"现"。
> ③隐：隐蔽。

●●●● 释义 ●●●●

"君子"在别人看不到的时候，自己的行为尤其要特别谨慎，在别人听不到的情况下，更要十分警惕。内心有不好的念头，尽管很隐蔽，也很细微，但没有不显露出来的，所以当"君子"独身自处、无人监督时，更应小心谨慎，不去做违反道德准则的事。

"慎独"是我国古代儒家创造出来的具有我国民族特色的自我修身方法。最早见于《礼记·中庸》："道也者不可须臾离也，可离非道也。是故君子戒慎乎其所不睹，恐惧乎其所不闻。莫见乎隐，莫显乎微，故君子慎其独也。"这里的"独"，指个人独处；"慎"指小心谨慎。大意是说：一个人独处，在无人看见的地方要警惕谨慎，在无人听到的时候要格外戒惧，因为不正当的情欲容易在隐晦之处表现出来，不好的意念在细微之时容易显露出来，所以君子更应严格要求自己，防微杜渐，把不正当的欲望、意念在萌芽状态就克制了。要求人应戒慎自守，对不正当的情欲加以节制，自觉地遵从道德准则为人行事。

在《大学》中又说："所谓诚其意者，毋自欺也。如恶恶臭，好好色，此之谓自谦，故君子必慎其独也。小人闲居为不善，无所不至；见君子而后厌然，掩其不善，而著其善。人之视己，如见其肺肝然，则何益矣。此谓诚于中，形于外，故君子必慎其独也。"大意是说：君子应内外一致，不自欺欺人。对于坏的东西要像厌恶腐臭那样，将其除掉，对待好的事物要像喜欢美丽的颜色那样，力求得到。而小人在无人监督的情况下，什么坏事都敢干。一旦见到有道德的君子在旁边，马上遮掩，伪装良善。这样表里不一，毫无

益处。人应该意诚在内心，显现在外表，所以君子务必在任何时候都严格地要求自己，形成自觉的高尚的品质。由此可以看出，《中庸》中强调的"慎独"，指用自我道德修养的方法对不正当的行为意念加以节制。而《大学》中则将"慎独"道德规范推进到一个更高的境界，不仅仅要求在无人监视的情况下，能克制住不良的思想与行动，坚持做好事，不做坏事，还要把自己的思想提纯到全无邪念，自觉自愿地做好事而不做坏事，使思想信念与行为举止浑然一体。

儒家的这种自我道德修养，一直是两千多年来历朝历代知识分子奉行的道德法典，而说之者极多，真正能践之者甚少。其中有两个人的事迹比较突出。其一，东汉人杨震。据南朝宋范晔《后汉书·杨震传》记载，他在赴荆州任刺史途中，途经昌邑。当时，昌邑令王密得知，欲以厚礼报答杨震知遇之恩(王密任昌邑令，乃由杨震举荐)，深夜"怀金十斤以遗震，震曰：'故人知君，君不知故人，何也？'密曰：'暮夜无知者。'震曰：'天知，神知，我知，子知。何谓无知？'密愧而出"。杨震以"四知"自警自诚，拒受厚礼，是"慎独"的典范。他的事迹在我国历史上传为佳话。其人被奉为清官，写入正史。

其二，元初许衡。据明宋濂等撰《元史·许衡传》记载：许衡字仲平，河南泌阳县人，任过集贤大学士兼国子监祭酒，领太史院事，为中央最高级的学官。他是元代三大理学家之一。他早年"家贫躬耕，粟熟则食，粟不熟则食糠菜茹，处之泰然"。他"尝暑中过河阳，道有梨，众争取啖之，衡独危坐树下自若。或问之，曰：'非其有而取之，不可也。'人曰：'世乱，此无主。'曰：'梨无主，吾心独无主乎？'"仍坚决不吃无主之梨。后来，他"财有余，即以分诸族人及诸生之贫者。人有所遗，一毫弗义弗受也"。他一生清廉自守，堪为楷模。

能否做到"慎独"，以及坚持"慎独"所能达到的程度，是衡量人们是否坚持自我修身以及在修身中取得成绩大小的重要标尺。杨震与许衡，一为千年前的古人，一为六百年前的古人，他们在任何条件下都能坚持操守，自觉地做一个有道德的人，确实是难能可贵的。许衡心中有"主"，杨震愿"使后世称为清白吏子孙"的高洁言行，是值得我们敬佩的。

贫贱不能移，富贵要济世

贫贱①不能移②，富贵要济世③。

——王永彬：《围炉夜话》

> **注**
> ①贫贱：贫穷而地位卑下。
> ②移：改变、变动。
> ③济世：帮助他人，有利于社会。

尚德

相关链接：贫贱非辱，贫贱而谄求于人者为辱；富贵非荣，富贵而利济于世者为荣。
——王永彬：《围炉夜话》

●●●● 释义 ●●●●

（一个人）在贫穷和地位卑下的时候要不改变（志向），而在富贵的时候要帮助别人多做对社会大众有益的事。

衡量贫穷和富贵的标准仅是自己手中拥有金钱、地位、物质的多少吗？回答一定是否定的。因此，贫穷和地位卑下并不是件可耻的事。对于能经受住风雨考验、霜雪打击的君子来讲，生于贫贱之家反倒是人生最大的财富，因为越是极度的穷困就越会激发人的斗志和潜能，越让人学会在贫困中奋发不息。以积极进取的态度面对贫困，就像森林中只有和狂风暴雨不懈搏击过的树才有可能挺拔参天一样，一个人也只有在穷困环境的磨炼之下才有可能笑到最后获得成功。那么，富贵的意义也就不仅仅是家境富裕、位高权重了吧？

先看看贫贱不能移吧。卫灵公向孔子问军队列阵之法。孔子主张以礼治国，反对用战争的方法解决两国之间的争端，所以他回答道："祭祀的事情我曾经听说过；打仗的事情我没有学习过。"孔子退下之后叫人套上马车就离开了卫国，并且意味深长地说："鸟可以选择树木，树木怎么能选择鸟呢？"孔子师徒一行经过陈国的时候，陈国的大夫们都说："孔子是个贤能的人，听说楚国要聘请他，如果他在楚国得到重用，我们这些大夫就危险了。"所以他们派兵把孔子和他的学生们困在山野中，几天后，粮食吃完了，跟随的学生们都饿得走不动了。性情直率的子路埋怨孔子说："君子也有贫穷的时候吗？"于是孔子说了这样的话："君子虽然贫穷，但并不失志，也不会不讲原则。"这应该是贫贱不能移的最初来源。

贫穷的生活固然会让人感到艰辛难熬，但并不能因为贫穷就改变自己的气节和处世原则。1577年，进京应试的汤显祖住在客舍温书备考。当时的首辅张居正为了让儿子进士及第，想要网罗海内名士助长声势。他听说汤显祖、沈懋学是当今最有才名的学士，于是就想招揽这两个人，准备在他们应考时让儿子去结交，并以进士的前三名相许。沈懋学乐于攀附权贵，很高兴地去相府拜会，但是汤显祖却依旧独自攻读书本，根本不肯前往。别人劝他："足下十载寒窗，两试不第。如今相国慧眼识人，礼贤下士，如果你去结交的话，肯定能使你及第并大展宏图，扬名天下。可是你这样固执不是错失良机了吗？"汤显祖毫不动容地说："真正的君子，不因贫贱移志，但也绝不以牺牲自己的气节、攀附权贵而获得仕途。那样即使得到好机会也会被天下人耻笑的。"这年三月，沈懋学中了状元，但汤显祖却因得罪了张居正而名落孙山。经过这样的事情，人们不但没有因为汤显祖落第就看不起他，反而都对既有才学又有原则的他大加赞赏，自此声名大振。多年以后，在困境中依旧矢志不移的汤显祖因写出了千古名篇《牡丹亭》而流芳百世，而当年曾经显贵一时的沈懋学早已淹没岁月的长河几乎不为人知。

所以有人说过：没有经历贫穷的人生是不完整的人生。可能这样的说法很多人难有同感，但我们面对穷困的心态，确实应该是能贫贱不移、安贫乐道，或者如苏秦一样"贫则变然后则通"。

那么，怎样才算是富贵呢？你有亿万家财或者你身居高位能表明你就是个真正富贵的人吗？孟子说过，"达则兼善天下"。可能你的生活条件要比别人好一些，可能你的职业地位要比别人高一点，可是，如果你打算坐拥着这些如浮云般的金钱和虚名独自享乐的话，其实，你早已一贫如洗了。我们存在的价值是社会和他人所赋予的，如果你的眼睛只能看见自己的小小物质享乐，那么，你其实失去了更多。我们的幸福和快乐来自于豁达的付出和给予，无私的奉献必然会得到更多的回报。做了好事，帮助了别人使人家能多些安适，其实归根究底善待的是我们自己。有一句犹太谚语：哪里有善良，哪里就有成功和财富。我们也经常听说那些热心于慈善事业的企业总能赢得人们更多的尊敬，事业也随之风生水起。各人的境况总有不同，世上总还有阳光照耀不到的阴暗角落，所以，请在你自己沐浴在暖阳的时候，再想想那些需要帮助的人吧！

相关链接：源静则流清，本固则丰茂；内修则外理，行端则影直。——魏子

尚德

040

名家美文话格言

相关链接：修道虽无人见，存心自有天知。——史襄哉

人生富贵驹过隙，惟有荣名寿金石

人生富贵驹过隙①，惟有荣名寿②金石。

——顾炎武：《秋风行》

> **注**
> ①隙：缝隙。
> ②寿：长寿。

●●● 释义 ●●●

　　人生的富贵就像马驹在细小的缝隙前一闪而过，只有荣誉和名声才能长久。

　　"儿孙胜于我，要钱做什么；儿孙不如我，要钱做什么"，这句贤文是说子孙后代如果能力比我强，没有必要留钱财给他们，因为他们自己有能力生存和发展；如果子孙后代没有能力，不能争气自立，也不能留下钱财给他们，否则留得越多，给他们带来的灾祸也越多。《增广贤文》中还有一句："良田万顷，日食三餐；大厦千间，夜眠八尺。"说的是富裕之家虽然拥有良田万顷，但只能每日三餐；虽然有大厦千间，晚上也只需睡一张床。这两句贤文总结了我国古人对财富的认识，旨在教育我们做人要少索取，多奉献；要做一个有益于社会的人，不要为金钱所累，成为金钱的奴隶，而要做金钱的主人。

一个人活在世上，怎样才能使生命更有意义呢？古今中外的许多贤者都认为能够为社会、为他人多做奉献才有意义，如果仅仅是向社会和他人索取，那么这样的人生是毫无价值的。老子是我国历史上的大智者，他曾与一位老翁探讨过有关寿命长短和人生意义的问题。老翁对老子说："听说先生博学多才，老朽愿向您讨教一个问题。"接着，老翁得意地说："我今年已经106岁了。说实在话，我从年少到现在，一直是游手好闲地轻松度日。与我同龄的人都纷纷作古，他们开垦百亩良田却没有一席之地，盖了豪华的屋宇却落身于郊外的孤坟。而我呢，虽一生不稼不穑，却还吃着五谷；虽没制作只砖片瓦，却仍然居住在避风挡雨的房舍中。先生，是不是我现在可以嘲笑他们忙忙碌碌劳作一生，只是给自己换来个早逝呢？"老子听了，微微一笑，吩咐一名弟子说："找一块砖头和一块石头来。"老子将砖头和石头放在老翁面前，说："如果只能择其一，老翁您是愿意要砖头还是愿意要石头？"老翁得意地取过砖头放在自己面前，说："我当然选择砖头。"老子抚须笑着问老翁："为什么呢？"老翁指着石头说："这石头没棱没角，取它何用？而砖头能够砌墙盖房，大有用场。"老子又招呼围观的众人问："大家要石头还是要砖头？"众人都纷纷说要砖头而不要石头。老子又回过头来问老翁："是石头寿命长呢，还是砖头寿命长？"老翁说："当然是石头的寿命长。"老子释然而笑，说："石头寿命长，人们却不择它；砖头寿命短，人们却择它，不过是有用和没用罢了。天地万物莫不如此。寿虽短，于人于天有益，天人皆择之，皆念之，短亦不短；寿虽长，于人于天无用，天人皆摒弃，倏忽忘之，长亦不长啊！"听罢老子的一番宏论，老翁无地自容。

还有一个典故发生在隋朝时期，一个叫李士谦的人把几千石粮食借给了同乡的人。刚巧这年粮食歉收，借粮的人无法偿还。李士谦就把所有借粮的人请来，摆下酒食款待他们，并当着他们的面把债券都烧了，说："债务了结了，不用你们还了。"

第二年粮食大丰收，借了粮食的人不仅都争着来还，而且还多还了许多给李士谦。李士谦无法拒绝，只好与乡友们商量说，你们还我的粮食就算暂且存放在我家的粮仓里，你们如有需要，随时来取。乡友们无不感激，李士谦的善举传遍乡里，成为一时美谈。

尚德

相关链接：凡事预则立，不预则废。——《礼记·中庸》

这两则典故说明，人生的价值不在于生命的长短，不在于索取多少，而在于是否为他人和社会多做奉献。一个社会如果人人都想索取，那么谁都无法得到自己想要的东西；如果人人都想着多做奉献，并且努力去实践，那么大家自然会得到相应的回报。

正如顾炎武所说："人生富贵驹过隙，惟有荣名寿金石。"人这一世，带不走的是财富，留下来的是名声。在有生之年多做些好事、益事和善事，这样既益人益心，也利己利人，给后人"书写"的是难忘的"故事"。

相关链接：季文子三思而后行。子闻之日："再，斯可也。"——《论语·公冶长》

动则三思，虑后而行

动①则三思②，虑后而行。

——陈寿：《三国志·魏志》

> **注**
> ①动：行动。
> ②思：仔细考虑。

●●● 释义 ●●●

行动之前要好好思考，仔细考虑清楚再采取行动。

　　有些人能够爬上几十米大树却在几米的小树上失足跌倒；有人能攀登上高山险峰却在小小的土丘上疏忽跌倒。所以危险不在于树的高低、山的是否危险，而在于我们精神的谨慎还是松弛。很多人觉得平时已经习惯了，再遇见的时候，就会不假思索地按照以往的思维行事，从而造成生命的损失、财产的损失、身体的伤害……所以一个人不管在做什么事情之前，一定要平心静气多考虑可能遇到的问题，别忽略有可能发生的一些看似微不足道但却影响整个事情发展的关键因素。未知的道路错综复杂难以预料，许多非人为的因素可能会在一些我们没有注意到的角落让我们措手不及，所以，认真仔细地权衡每一个需要考虑的因素，才能确保我们所要进行的事情百无一失。

　　春秋时期，鲁国有个宰相叫季文子。他以谨小慎微而著称，处理问题

相关链接：三思而行，再思可也。——周希陶：《增广贤文》

从来都是瞻前顾后、思之再三，当时的人就以"三思而后行"来称颂他。有一年冬天，季文子准备出使晋国，让人代他请示如果遇到丧事应该遵循的礼仪后才动身。随行的人说："准备这个做什么呢？"季文子回答道："预备好意外的事情，这是古代的好教训。临去时请示而没有得到，到时就会手忙脚乱、无所适从。现在请示了，虽然一时用不着，但总是没有害处的。"孔子和季文子生不同时，孔子出生时，季文子已经去世十多年了。孔子在听说季文子的为人特点之后，说："考虑两次就可以。"但孔子并没有再解释为何只需考虑两次，这使得后来的文人学者猜测颇多。有人认为：孔子之所以这么说，是因为考虑一两遍就足以衡量利弊作出决定了；考虑太多，反而容易因为过分仔细谨慎而犹疑不定，以至于做事拖泥带水、错失良机。但不管怎样，有一点我们可以肯定：遇事慎重考虑是必需的，决不可以不管三七二十一冲动行事，那样是一定会吃亏的。

为人如此，治国更应该如此。中国的帝王中，康熙是出名的"慎政"之君。他一生谨慎，凡是关系到国计民生的大事，无不反复调查，慎重决定，做到三思而后行。明末清初，由于战乱，黄河的堤坝年久失修，加上河水夹带大量泥沙淤塞河道，所以经常泛滥决口，河南与苏北年年闹水灾。百姓的生活受到很大影响，国家的损失也很惨重，到康熙年间情况就更加严重，多次决口。康熙亲政之后，将河务、三藩、漕运列为三件大事，书写在宫中柱子上。他经常派侍卫探察黄河之源，到星宿海，往返万余里，绘制出中国历史上第一幅经过实地勘察而绘制的黄河图。1706 年，康熙在御门听政时，于成龙和靳辅意见发生分歧。争论的主题是开浚海口还是修筑大堤，康熙并没有妄加论断，而是命双方在乾清门御前辩论，互相驳难。同时他还命令乡里沿河的在京城官员书写各自意见，上报朝廷。经过长达一年的不断调查、面奏、辩论、验证之后，康熙才作出决策，可谓是慎之又慎。康熙最后支持的是于成龙的观点，免去了靳辅的河道总督职务，命于成龙治理黄河。治理了一段时间，康熙亲自到沿河视察，发现于成龙还是用了靳辅的办法，明智的康熙也没有文过饰非，而是马上恢复了靳辅的原职，命他和于成龙共同致力于治理黄河的大事。

不管遇到什么样的事情，一定要在还没有做之前仔细地思考，慎重地处理，这样才能避免行动之后，事情已经尘埃落定之时又开始后悔。世上的事情都有一个恰到好处的分寸。因此，有一分谨慎就能有一分收获，而一分疏忽则可能会有十分的损失，完全地疏忽只会导致彻底的失败，也只有十分的谨慎小心才能确保成功。不管是大事还是小事，我们都要三思而后行。生活中有很多人在做大事的时候注意谨慎三思，但对一些小事却忽略从而酿成大祸、铸成大错，这些前人的惨痛教训还不足以使我们以"安全驾驶"的方式去把好我们人生的船舵吗？

名家美文话格言

善莫大于恕，德莫凶于妒

善莫大于恕①**，德莫凶于妒。**

——《曾国藩全集·家书二》

> **注**　①恕：从字面来看，是"如心"，也就是"如自己的心"。人们通过对自己的"心"的观察，知道自己喜欢什么，不喜欢什么，进而据此推断他人会喜欢什么，不喜欢什么。

●●● 释义 ●●●

　　一个人品性中最完美、最善良的本性都不可超越宽恕；一个人品性中最丑陋、凶残的本性没有超过嫉妒的。

　　中国儒学思想家曾国藩提出："善莫大于恕，德莫凶于妒。""善莫大于恕"，就是说，一个人品性中最完美、最善良的本性都不可超越宽恕这一至高的德性。"德莫凶于妒"，就是说，一个人品性中最丑陋、凶残的本性都不如嫉妒情感显示得那般恶劣。嫉妒之人多心狭。"争名日夜奔，争利东西骛。但图一身荣，不惜他人污。"所以，儒学家提倡要有宽恕之心态，要有宽容之胸怀。

　　恕是美德，是人生的一种智慧，更是一种境界。曾国藩步入晚年，他似乎参透了生命的意义。在他看来，仕途不过是过眼烟云，最要紧的还是做一个圣贤。富贵功名，皆由命定，唯作圣贤，全凭自己。因此晚年的曾国藩几乎以入圣成贤为生命的终极追求。以他个人的经验，明白对于像自己这样功成名就之人，德性的最大敌人莫过于"忮"（嫉贤害能）和"求"（贪利贪名）。他说："忮不常见，每发露于命业相侔、势位相埒之人；求不常见，每发露于货财相接、仕进相仿之际……忮不去，满怀皆是荆棘；求不去，满腔日即卑污。余于此二者常加治，恨尚未能扫除净尽。"为了自警，曾国藩特作诗二首，告诫自己"善莫大于恕，德莫凶于妒"，"知足天地宽，贪得宇宙隘"。事实上，他在接人待物上的确值得称道，左宗棠对他的成见一度非常之深，有几次不顾情面让其难堪，按照常理，朋友一旦疏远往往易成心理上的仇敌，但曾国藩仍然能够以恕道待之，甚至称赞左为"当今天下第一人"。如此虚怀若谷的气度在大政治家里是相当少见的。

孔子说："不患人之不己知，患不知人也。"不怕别人不了解自己，就怕自己不了解别人。这句话要求人们要学会换位思考，善于站在别人的立场上考虑问题，这是"恕"的基本要求，也是一个人成就大事和获取成功的关键。我们知道三国演义中有个人物，后人谓之奸雄——曹操，在我们印象中，曹操是个大坏蛋，其实不尽然，事实上他很有才华，有很多可取之处。

曹操和袁绍在官渡开战，当时曹军2万人，袁军10万人。但是袁绍性格上的弱点导致了他最终的失败。大战结束后，曹操缴获了袁绍大量的图书、资料、文件、书信，就发现其中有自己的人写给袁绍的信。这是背叛的证据，但曹操发现有这么一堆书信以后，看都不看，立即下令全部烧毁。当时很多人不理解，就问曹操，你为什么要把这么重要的证据都毁掉了？曹操说："算了吧，说老实话我和袁绍作战是以弱胜强，袁绍是强势，我是弱势，那个时候连我曹操自己心里都没底，我都没把握能不能打胜这一仗，何况大家呢？"他换位思考，站在别人的立场上为他人着想，这种做法才是真正的恕道。

同道者相爱，同艺者相嫉。作为一种生命事实，嫉妒是一种抱怨、憎恨某方面超过自己，并以攻击或诋毁他人来抬高自己的唯我独尊的心理情感。柏杨先生说："万恶妒为首，百善恕为先。"意思是说妒是万恶之首。战国庞涓嫉妒孙膑的故事就是典型事例。庞涓和孙膑同在鬼谷子处求学。庞涓的天资学业虽较孙膑差得很多，但他为人奸猾，善弄小权术，又轻易不被察觉。他与孙膑同学时，心里很是嫉妒孙膑的才能。后来庞涓在魏国掌军事，忌孙膑的本领比自己高强，派人骗孙膑来，刖断了他的脚，使其成废人，以为从此可以高枕无忧了。不料孙膑装作疯狂，乘庞涓不备，逃到了齐国。齐王用他做元帅，叫他统兵讨伐魏国，他在马陵山下埋伏军队，设计把庞涓引来，用乱箭将其射死。

恕是一种豁然大度，是一种高尚的品格，你以忠恕之心待人，就会拥有更多的信任。忠恕之道不但可以改变自己和别人的关系，还可以使自己的道德修养进一步升华。

名家美文话格言

相关链接：养气要使完，处身要使端。——陆游

其身正，不令而行

子曰："其身正①，不令而行②；其身不正，虽令不从。"

——《论语·子路》

> **注** ①正：端正。
> ②行：行动起来。

●●●● 释义 ●●●●

孔子说："在上的人自身做事正当，不用命令，人民自然会照样去做；如果自身做事不正当，虽有命令，人民也是不肯服从的。"

"政者正也，帅民以正"，是孔子对统治者的人格和道德修养的要求。孔子说过："苟正其身矣，于从政乎何有？不能正其身，如正人何？"这都是对为政者而言的，肯定了为政者"自身正"对下属及百姓的影响和示范作用。

修己安人、身体力行，是孔子思想中君子的一种理想人格，也是为政者应当通过自身的道德修养而努力达到的。在孔子看来，"修己以敬""修己安人""修己以安百姓"，是自我修养的三个不同层次和境界，而要达到"敬""安人""安百姓"的境界，则必须靠"修己"，即依赖于自身的道德修养。这里，孔子把自身的道德修养，看作君子立身处世和治理政事的根本与前提。自我修养的目的是为了立身治国，而立身治国的基础或前提是修己。这一思想，在后来儒家的重要经典《大学》中，被进一步概括为"修身、齐家、治国、平天下"的"大学之道"。

孔子强调为政者的道德品质修养，并将其作为一项重要的政治道德规范，也是其"为政以德""政者正也"的思想观点的进一步发挥和具体体现。道德修养只是一种达于仁德的途径或方法，其目的是为了立身治国。所以，在强调为政者的道德修养的同时，孔子还特别注重"躬行实践"，即要身体力行，将自己的修养所得付诸具体的实践。《中庸》曾转述孔子之言：力行近乎仁。古今多言一时之政术，而哲人明万世之治道。君子务本，故孔子论政从正名入手，"政者正也"，这是中国古圣先王施政最根本的特色。孔子的这种思想在中国政治伦理思想史上一直有着非常重要的影响。

南北朝时，梁武帝听闻吕僧珍是远近有名的君子，很是欣赏他的才华和品行。有一次，吕僧珍向梁武帝要求回乡扫墓。梁武帝同意他回乡，并且任命他为家乡南兖州的刺史。吕僧珍到任后，他的姐姐就住在当地市镇西边的一所小房子里，与菜市场相邻，吕僧珍经常前去探望，也并不觉得不光彩。他说："身正自明，何耻之有？"吕僧珍住宅的前面有一所属下的官舍，平常出入的人很多，有人建议他要那个下属到别处去办公，把官舍让给他姐姐住，被吕僧珍严词拒绝了，表示决不能把官舍当做私人的住宅使用。他对自己要求严格，平常秉公办事，从不徇私情，连他的兄弟前来拜见也只能在外堂，不准进入客厅。在他当政期间，对自己的严格要求使得百姓对他十分尊敬爱戴，有令必行。

明朝崇祯年间，时逢大饥荒，平民大规模造反，清兵入侵，而此时国家的财政已经到了难以为继的地步。当时的危机，急需崇祯皇帝挺身而出，慷慨地拿出国家的钱来救危解困。如果皇帝以身作则，势必极大地鼓舞人心士气，也会有效地带动百官为国家捐钱。虽然袁崇焕提出了这个建议，但是崇祯皇帝很不愿意把自己的钱拿出来。崇祯皇帝自己不肯出钱，却再三逼迫大臣们出钱。为了逼出银子，他甚至把一些老臣投进了监狱。直到李自成兵临城下，他还是不愿把自己的钱拿出来，反而发出最后一道逼迫官员捐钱的命令：因外饷不够，太仓空虚，各个官员务必捐资助饷。结果响应者寥寥无几。见到这样的情况，崇祯皇帝竟然不顾自己的身份向一些皇亲、太监讨起钱来。大敌当前，崇祯皇帝不能身体力行当好榜样，却还是只顾自己的利益，把国家的存亡抛在脑后，也就不难理解为什么大臣们怨声载道、弃他而去了。有些人投向了李自成，而平时在他身边谄媚的太监们几乎全部背叛了他。万般无奈之下的崇祯皇帝在李自成攻破北京城时自缢而亡。由此可以看出，一个为政者的德正、身正是何等重要啊！

　　国家安定、社会和谐发展、民风淳朴、人心厚道的关键就在于此。君身正，以礼敬人，臣才会忠于职事；君不正，虽令不从。

与朋友交，言而有信

名家美文话格言

子夏曰："与朋友交①，言而有信②。"

——《论语·学而》

> 注
> ①交：相处。
> ②信：诚实守信用。

●●● 释义 ●●●

子夏说："同朋友相处，说话一定要诚实守信用。"

　　不论古今中外，可以说，朋友相处中最难以颠覆的一字箴言绝对是"信"字。所以，矢志坚持孔子思想主张的学生子夏说："一个人能够看重贤德而不以女色为重；侍奉父母，能够竭尽全力；服侍君主，能够献出自己的生命；同朋友交往，说话诚实，恪守信用。这样的人，尽管他自己说没有学习过，我一定说他已经学习过了。""信"是一个人立身处世的根本，人与人之间相互交往，一定要守信用。如果一个人失去了信用，即使是有才能、有学问，也得不到人们的信任，终将无用武之地。

　　看看宋朝时梁颢的故事吧。他的父母早逝，由叔父收养。梁颢自幼喜好读书，可是他叔父的家境贫寒，买不起书。梁颢只好借别人的书，连夜抄出来，然后再仔细钻研。他不但对借来的书籍倍加爱护，而且向来是说什么时候还就什么时候还，很守信用。一个冬天的晚上，梁颢又在抄书，不但灯光微弱，屋子里还冷得出奇。这样他抄了一会儿，就冻得手脚僵硬，眼睛也累得发酸。于是他不得不停下笔，活动活动手脚，放松一下眼睛，然后再抄。可是，当他再一次提起笔写字的时候，毛笔已有些僵硬了，他没有在意，又在砚台里蘸了一下，继续写字，但是只留下了淡淡的墨迹。梁颢仔细观察才发现，毛笔上的墨已经有些冻结了，砚台里的墨汁也已经结了冰。他赶紧把砚台举到灯火上面，看着砚台里的冰慢慢地融化为冰花，随即又消失，然后又提起笔蘸着墨继续抄书。他的叔父睡了一觉醒来，发现梁颢屋里的灯还亮着，于是就披衣起床，推门走到梁颢旁边，心疼地说："颢儿，今天白天你从早到晚抄了一整天，现在又抄到了大半夜，天又这么冷，这样会搞坏身体的。快收拾一下睡觉去吧，明天再抄也不迟。"梁颢说："这可不行，我已经答应人家，明天就把书还回去了。要是今晚抄不完，明天还了书，我就没什么可读的了。"叔父笑笑说："傻孩子，他们家里有好多书，不等着用这一本，你跟他们说明情况，晚还一天也没什么要紧的。"小小的梁颢一脸严肃地说："做人要讲信用，我怎么能因为这点小困难就失信呢。我答应明天还，明天就一定要还。"说完，就又低下头继续抄书。第二天，梁颢按时把书送还了主人，主人惊讶地说："我以为你说两天是指几天的意思呢，没想到你这么快就读完了。"梁颢说："我还没有仔细读，只是连夜把它抄写了一遍。"那人一听，惊得目瞪口呆，说："你真是个诚实守信的好孩子，将来一定会大有作为的，我这里还有很多书，你要借哪一本都可以，什么时候还都行。"梁颢急忙向他道谢，后来就经常去借书，而且总是按时归还，从没失信。天不负人，梁颢后来在科举考试中表现出色，被选为状元。

是啊，人与人相处，守信重诺的确是非常重要的。如果一个人连起码的"信"字都做不到，还有谁愿意和你相处呢？

相关链接：不精不诚，不能动人。——《庄子·渔父》

053

相关链接：子曰："以直报怨，以德报德，言怨于我者则直道而报之。"——《论语》

以直报怨，以德报德

或曰："以德报怨，何如？"子曰："何以报德？以直①报②怨③，以德报德。"

——《论语·宪问》

 注　①直：公正、正直。
　②报：对待。
　③怨：怨恨。

●●●释义●●●

有人说："用恩德来报答怨恨怎么样？"孔子说："那用什么来报答恩德呢？应该用公平正直来报答怨恨，用恩德来报答恩德。"

当有人问孔子"以德报怨，何如"的时候，孔子的思想是主张明辨是非，所以他的回答是：你以德报怨，那何以报德？正确的态度是拿公平正直来回报怨恨、以公道对待自己怨恨的人；而当别人以德行对待你的时候，你才需要以德来回报别人。

论语中有这样一则故事。仲子崔是子路的儿子。当初，子路在卫国担任蒲邑大夫，适逢蒉聩之乱。卫庄公元年，卫国权臣孔悝的母亲也是原太子蒉聩的姐姐，劫持孔悝要杀卫出公。卫出公闻讯逃到鲁国。子路听说后立即返城，子羔告诉他卫出公已经逃脱，且城门已闭，不可去送死。子路说："拿君主的薪俸就不应该在他有危难时逃避。"子路进城后取火焚台，蒯聩很是害怕，便让大力士石乞、孟黡持剑下台来战子路，子路身被刺伤数处，被砍断其冠缨，奄奄将死。在这种时候子路还从容地说："君子死，冠不免。"毅然系好帽缨，从容就义。子崔已经长大成人，闻知此事，来告诉孔子，想为父亲报仇。孔子说："去吧！"于是仲子崔立即出发报仇。知道了子路是个堂堂君子的孟黡，对杀死子路十分后悔，孟黡得知子路的儿子前来报仇时，说："君子不能乘人之危，子崔可先休息一下，后天，再到城西决斗。"便与仲子崔约定后日在城西决战。为了成全仲子崔的孝心，孟黡使用木戟、蒲弓与之决斗，被杀死。

　　孟黡用自己的光明磊落诠释了"以直报怨"的含义。正如于丹所解释的：就是用你的公正，用你的率直，用你的耿介，用你的磊落，也就是说，用自己的高尚的人格，坦然面对这一切（怨恨）。"以直报怨"的思想，不同于老子所言的"报怨以德"，它体现了一种追求公平公正的精神。孔子反对以德报怨，因为这样做的话，对坏人也施以德，对好人也施以德，就没有什么区别。这于理不合。孔子提出的以直报怨包含两重意思，一是要用正直的方式对待破坏规则的人，二是要直率地告诉对方，你什么地方办错了事。以怨报怨并不错，甚至应该说是一种相当有效的制裁坏人的办法。法律对坏人的制裁就是顺着这条思路来的。但是光靠法律很难把坏人改造成好人。所以在监狱里还要有对犯人的尊重、教育，甚至爱护，这才能使犯人出狱之后幡然改悔，重新做人。这也说明了为什么孔子既不赞成以德报怨，也不赞成以怨报怨，而要以直报怨了。

　　懂得心存感激，懂得以德报德，才能获得心灵的安静平和，人生的花园才可能永远盛开着温情的花朵。

勇，天下之达德也

智、仁、勇，三者，天下之达德①也。

——《礼记·中庸》

> **注** ①达德：通行天下的美德。

●●●● 释义 ●●●●

智慧、仁爱、勇敢这三条是天下的美德。

　　勇毅，作为道德规范，是人类社会带有共同性的传统美德。中国古代视之为"三达德"之一。其内容主要包括体仁能慈、行义循礼、明智善断、临危不惧、知耻力行等等。

　　勇，即勇敢，是一种无所畏惧的精神，为我国古代思想家所提倡。在《礼记·中庸》里，勇和仁、智被称为"天下之达德也"，即儒家认为最有普遍意义的三种德性之一。儒家孔圣人把勇作为践履仁德的条件之一，认为"勇"必须符合于礼义。他说："君子有勇而无义为乱，小人有勇而无义为盗。"孟子主张，为人之勇必与大节相结合，他把勇分为三种：凭力气的血气之勇；凭意志的意气之勇；理直气壮、恪守坚定的道德信念的"大勇"。孟子强调的是"舍生取义"的大勇。荀子则进一步阐发了勇的规范意义和道德境界的层次，依其程度和性质的区别，区分出"狗彘之勇"、"贾盗之勇"；"小人之勇"、"士君子之勇"；"上勇"、"中勇"、"下勇"。荀子提倡的是"重死持义而不挠"的"士君子之勇"，以及"仁之所在无贫穷，仁之所亡无富贵"的"上勇"。尽管他们对"勇"的说法和划分有所不同，但对作为道德规范的"勇"都是基本认同的，他们所说的"勇"主要包括以下两方面的内容：

一是勇必仁慈，见义勇为。子曰："仁者必有勇，勇者不必有仁。"凡是有仁德的人，一定是勇敢的人；而勇敢的人不一定有仁德。言下之意，勇敢的人只有具备了仁的品德，才是真正的勇。当帝王无道，官吏横行霸道，欺压群众，人民生活处于水深火热之中时，能替天行道，揭竿而起的人；当国家危难、民族危亡之时，能敢于同帝国主义相抗争，大长中国人志气的人，都是能行仁义之道，勇敢无畏之人。因此，由"仁者必有勇"出发，我们所提倡之勇必然是有仁德之勇。

在中国历来的道德传统中，一直强调勇敢是一种有目的、有方向的行为，统帅勇的是义，即所谓"率义之谓勇"。孔子也说："见义不为，无勇也。"自古以来，我们一贯倡导见义勇为，就是这个道理。古人认为不同的人有不同的勇，勇的表现不同，但核心都是为了义。在中国传统伦理道德中，这种建立在大义基础上的大勇，是一种正义感、责任感和使命感的体现，一直以来都为中国人民所倡导和践履。当前，从社会公德角度来说，见义勇为主要表现在：敢于在坏人坏事面前挺身而出，同邪恶势力作斗争；在事关公众利益、他人安危的情况下，勇于牺牲个人，甘冒风险，仗义而为；以及职责所致，赴汤蹈火，在所不辞等等。因此，继承和弘扬我们民族见义勇为的传统美德，在全社会形成见义勇为的社会风气，对于社会主义精神文明建设是必不可少的。

二是知耻改过，智勇兼备。改过是道德修养中常碰到的问题。改过是指改正错误和过失。一个人有了过错，就应当努力改正。《礼记·中庸》中说："知耻近乎勇。"意即知耻而能改过则与勇的品德接近。孔子曰："勇者不惧。"孟子曰："志士不忘在沟壑，勇士不忘丧其元。"古人歌颂仁人志士这种无畏敢为的精神，但从来没有忘记予后人以勇不妄为的训诫。勇不妄为，即勇者当明见善断、智勇双全。这就涉及勇和智的关系问题。勇可以使人们做出决断，智可以让人们认识事物、发现规律。倘若只讲勇敢，不讲智慧，勇敢往往会导致蛮干、瞎干。因此，勇敢必须以智慧为前提，只有有智之勇，才能使人们获得成功。

中国自古以来就强调要智勇双全，只有智勇兼备，才是真正的大勇、大智，若有勇而无智则无以建功立业。

有容德乃大

必有忍^①，其乃有济；有容^②德乃大。
——《尚书》

> **注** ①忍：忍耐。
> ②容：宽容。

●●●● 释义 ●●●●

必须有忍耐之心，才能办成事情；有宽容之心，道德才能高尚。

相关链接：有容德乃大，无欲心自闲。——周希陶：《增广贤文》

宽容别人对我们来说既有难度，也很容易，关键在于心灵的选择。当一个人选择了仇恨，那么他将在黑暗中度过余生；而如果一个人选择了宽容的话，那么他将拥抱阳光。当我们的心灵为自己选择了宽容的时候，我们便获得了应有的自由。

春秋时期，楚庄王依靠名将养由基一次平定叛乱后大宴群臣，宠姬嫔妃也统统出席助兴。席间丝竹声响，轻歌曼舞，美酒佳肴，觥筹交错，直到黄昏仍未尽兴。楚庄王乃命点烛夜宴，还特别叫最宠爱的两位美人许姬和麦姬轮流向文臣武将们敬酒。

忽然一阵疾风吹过，筵席上的蜡烛都熄灭了。这时一位官员斗胆拉住了许姬的手，拉扯中，许姬撕断衣袖得以挣脱，并且扯下了那人帽子上的缨带。许姬回到楚庄王面前告状，让楚庄王点亮蜡烛后查看众人的帽缨，以便找出刚才无礼之人。

调戏君王的宠姬，这可是触犯君王的权威，被拔下帽缨的那位大臣心想：这下大祸临头了，许姬在大王面前这么一告状，自己肯定会被大王处死？他越想越害怕，甚至两条腿都开始发抖了。

谁知楚庄王听完，却传令不要点燃蜡烛，并大声说："寡人今日设宴，与诸位务要尽欢而散。现请诸位都去掉帽缨，以便更加尽兴饮酒。"听楚庄王这样说，宫中一百多位大臣都拔掉了自己的帽缨，庄王这才叫点亮蜡烛。这样，大家始终不知道拉许姬袖子的人是谁。

席散回宫，许姬怪楚庄王不给她出气，楚庄王说："此次君臣宴饮，旨在狂欢尽兴，融洽君臣关系。酒后失态乃人之常情，若要究其责任，加以责罚，岂不大煞风景？"许姬听后，心悦诚服。

后来，楚国与晋国交战，副将唐狡自告奋勇，率百余人充当先锋，为大军开路。他所向披靡，战无不胜，使楚军进展顺利。庄王准备厚赏唐狡，唐狡却显得不好意思，说："臣不敢接受大王的厚赏，只要大王原谅臣的罪过，臣已经十分感激了！"庄王感到不解："为什么呢？"唐狡磕头答道："上次'绝缨会'上拉王妃手的人就是臣呀！蒙大王昔日不杀之恩，臣一定当舍命相报！"说罢，他又冲进敌阵，奋力拼杀，终于打败晋军。这一战役的胜利，使楚国从此强盛，逐渐成为春秋时期的大国。从某种意义上说，是楚庄王宽容的品质成就了自己的霸业。

三国时的曹植，说过这样一番富含哲理的话："天称其高者，以无不覆；地称其广者，以无不载；江海称其大者，以无不容。"一个人要想成就一番事业，就必须有恢宏的气度，自古至今皆然。

名家美文话格言

相关链接：乾坤以有亲可久，君子以厚德载物。——潘岳：《西征赋》

过而能改，善莫大焉

人^①谁无过^②，过而能改^③，善^④莫大^⑤焉。

——《左传·宣公二年》

> **注**
> ①人：泛指大众，一切人。
> ②过：过失，过错。
> ③改：改正。
> ④善：好。
> ⑤莫大：没有比这再大的。

●●●● 释义 ●●●●

平常人哪个能没有过错呢？有了过错能够改正，这就是最大的好事啊！

出自《左传·宣公二年》的这句话源自一个历史故事。春秋时晋国的国君晋灵公是个无道暴君，经常滥杀无辜。有一次，厨师煮的熊掌不够熟，他就下令把厨师杀掉了。大臣士季进宫劝谏他，话未出口，晋灵公就说："我知道错了，今后一定改正。"士季于是很高兴地对他说："人谁无过？过而能改，善莫大焉。"士季的话是把重点落在一个"改"字，知错必改，坏事也就变成了好事，没有比这个更大的了。而事实上，晋灵公的话把重点落在前一句，只是想用这个话堵住士季的口，并不是真想改正错误。以后的历史证明了这一点。晋灵公言而无信，自此以后我行我素、残暴依旧，最后终被臣下刺杀。

但历史上也确有能改过而终成大业的君主。齐威王初登基时，荒淫无度，日夜在宫中饮酒取乐，不理朝政。他不理国事，臣子们也乘机违法乱纪，国内局势混乱不堪；其他国家见齐威王如此昏庸，都发兵侵犯。齐国危在旦夕，但没有人敢直言进谏。后来臣下淳于髡用"三年不鸣，一鸣惊人"的神鸟故事启发他，并以死劝谏，终于使齐威王彻底改变了生活方式，决心改正错误，认真处理朝政，立志图强。齐国开始整顿兵马、加强国防、抵抗侵略，各国诸侯十分震惊，纷纷归还侵占齐国的土地，齐国终于强大起来，从此安定了三十多年。

古语曰：人非圣贤，孰能无过？一个人不可能不犯错误，非但常人办不到这一点，即使是圣人也不可能，所以即使是圣人也不会做这样的过分要求，而是说如果看到一个人有错的地方，最好用各种方式引导人们勇于改过自新。只有这样，才能使众人的心态都能改过从善，而不能言辞过分激烈地呵斥，有时可能会导致那些犯了错误想改过自新的人自暴自弃，重又走上堕落的道路。而圣贤比常人更善于改过，这才是他显得比常人伟大和英明的地方。

一个在完整意义上精神健全的人，必然具备改过从善的能力。自觉改正错误，自觉向着好的方向转化，一直是儒家关于道德修养的思想主张，也是我国传统文化中根深蒂固的观点。战国时期纷争不断，世俗风气沉沦，社会上到处充斥着小人，对此十分担忧的孟子说："古时候的君子，有过错就改正；现在的君子则任其发展。古代的君子，他们的过错就像日食月食，人们都看得到。等到他们改正的时候，人们都还抬头望着他们。现在的君子，岂止是任其发展，还要编造一套言辞来文过饰非。"由此可见看出知错就改对于一个人，对于整个社会，是多么重要啊。

人生在世，难免犯错。要想不犯错，只有一种方法，就是什么都不做，这无疑是不可能的。所以，我们不要害怕犯错，明智、聪明的人应该敢于承认自己的错误，因为只有勇于认错，才能发现自己在哪一方面还有欠缺。如果你不曾体验过荆棘遍布的歧路让人伤痕累累，你怎么会知道坦途正道的光明磊落让人胸怀宽广、从容安静？如果你不曾体会过犯错后的追悔莫及、懊恼不已甚至"一失足成千古恨"，你怎么能使自己在物欲横流、诱惑难挡的社会明辨是非，远离错误以使自己生活得心安淡然？

　　人总有追求完美的愿望和理想，但每个人都有犯错误的可能，即使是圣人也不例外。罗曼·罗兰曾经说过："在你要战胜外来的敌人之前，先要战胜你自己内在的敌人；你不必害怕沉沦与堕落，只请你能不断地自拔与更新。"所以，只有犯了错误不知悔改才是真正的耻辱。犯了错误并能警醒改过，是对自己、对社会、对那些关心我们的人最好的交代。那些能够成功的人也必然是通过彻底打败自己内心的敌人，从而净化了自己的精神境界，也净化了自己的生活的人。

齐家之德

为人处世，知道齐家之道，养成勤
俭耕读的操行，才能永葆仁德之心、
廉洁之志，才有可能恒立于多变的
世界。

人之行，莫大于孝

人之行①，莫②大于孝③。

——《孝经·圣治章》

> 注
> ①行：行为。
> ②莫：没有哪一种东西。
> ③孝：孝顺，尽心奉养父母。

●●● 释义 ●●●

人的行为中，没有哪一种行为比尽心奉养父母、顺从父母的孝顺行为意义更大的了。

儒家的传统伦理思想中，孝一直是居于核心地位的。论语中有这样一则故事。孟懿子是鲁国的大夫，他的父亲孟僖子曾经留下遗命让他向孔子学礼。有一天，孟懿子问孔子："什么是孝？"孔子于是回答道："不要违逆。"到底不要违逆什么，他却没有再继续解释下去。一会儿孔子出门，学生樊迟为他驾车，孔子告诉樊迟"不违逆"的内容：一个人不要做违背天理人情的事情。父母亲在世时，要按照礼法尽心奉养；去世时则要按照礼法安葬、祭祀，就是尽孝了。

而治国和为孝都不外乎天理人情，是一样的道理。孔子也曾经说过：父母在，不远游。尽管现在看来这样的思想存在一定的局限性，但是在

名家美文话格言

相关链接：孟懿子问孝。子曰："勿违。"樊迟御，子告之曰："孟孙问孝于我，我对曰'勿违。'"樊迟曰："何谓也？"子曰："生，事之以礼；死，葬之以礼，祭之以礼。"——《论语·为政》

春秋时期，提出这样的想法事实上也是可以理解的。在那样交通不便、音信难递的年代，一个人如果要想行万里路是件非常困难的事情，需要付出很多的时间和精力，并且颠沛流离、条件所限，没有人会知道自己的归期，没有人知道自己还能否平安回到家中，所以家中的双亲是必然日日难安担心忧虑着的。"谁言寸草心，报得三春晖"，还没以自己微薄的拳拳之心回报父母的养育之恩，有何理由再谈报效国家，再论自己的壮志抱负？再退一步讲，如果一个人连感恩父母的心都没有、连自己的父母都没有好好奉养，又怎么可能算是一个君子？怎么可能再谈其他的仁德和修养？

孝是一个人最基本的美德。历朝历代的统治者都充分认识到这一点，我们经常会听说古代在任用官员时，如遇有双亲去世的，为父母守孝三年再出仕为官；也听说过有一些以孝为先的君子声名远播，最后得到重用的例子。

据《东观汉记·黄香传》记载：黄香从小刻苦学习，用功读书，十分通情达理。他9岁的时候，母亲就去世了。黄香日夜思念母亲的养育之恩，经常来到母亲的墓前祭奠、哭泣逝去的母亲。他的孝顺在村子里时常得到人们的称赞。

黄香家境贫寒，父亲身体又不好，母亲去世后，他的父亲更感到孤独，体力也越来越衰弱。黄香每天起早摸黑总是拣又苦又累的活干，努力为父亲分担家务和农活。夏天酷暑难当的时候，他总是用扇子把父亲的枕席扇凉；天寒地冻的冬日，他总是先脱下自己的衣服用自己的身体给父亲温热了被子，才让父亲上床睡觉。黄香一边劳动一边还不忘读书，成年以后博古通今，能写一手好文章。汉安帝时被任命为魏郡太守，当地遭受水灾，他把自己的俸禄和得到的赏赐全部拿出来赈济灾民，为人们所称颂。而后人也经常以"扇枕温席"这样的成语来形容儿女孝敬侍奉父母的行为。

和黄香同时代以行孝之名被传为佳话的还有人称"江巨孝"的江革。从小失去父亲的江革和母亲相依为命。当时正值天下大乱，为躲避战乱，江革背着母亲离家四处逃难。途中母子二人历尽了千辛万苦，没有吃的，江革就经常去采野菜，即使如此，他每次都是等母亲吃完，自己再吃剩下的。有一天，江革在挖野菜时，被一伙强盗抓住了。看到江革年轻力壮，强盗们要劫持他入伙。江革泪流满面地哀求道："我跟你们走可以，可我还有年老的母亲需要我照顾。如果我一个人撇下母亲，她就再也无法生活下去了。我必须先尽我的犬马之养啊！"被他的孝心感动的强盗们于是动了怜悯之心，把他放了回去。最后，江革千里迢迢和母亲流落到江苏。由于家境困苦无钱奉养母亲，江革每天打着赤脚到处给人家做佣工挣钱养活母亲。日积月累，在他的辛苦劳动下，母亲过上了安稳舒适的生活，而他对母亲的周到照顾也赢得了周围的人们的赞誉。

漫长的人生旅途，我们可能在得失起落中遇到很多人、见过很多人、错过很多人，但请相信，在全世界都舍弃你的时候，如果还有人陪在你身边，那一定是你的父母。所以，好好善待你那把心捧给你还生怕烫伤你双手的父母吧，他们，一定是这世上最疼你的人。世上最悲凉的莫过于"树欲静而风不止，子欲养而亲不待"了。所以，不管你怎么忙，不管你还有多少要解决的事，一定记得留点时间"常回家看看"。

读书传家久，孝悌立根基

读书传家久，孝悌①立根基②。

——王永彬：《围炉夜话》

> **注**　①孝悌：尊敬父母兄长。
> ②根基：比喻家底。

尚德

相关链接：何谓享福之人，能读书者便是；何谓创家之人，能教子者便是。——王永彬：《围炉夜话》

●●●● 释义 ●●●●

　　将读书学习的好习惯传给子女才能长久，能孝敬父母尊敬兄长才能树立家业。

　　"有书不读子孙愚"，自古以来人们就认识到读书可以修身立德、怡情养性，轻视读书只会走上无知和愚昧的道路。刻苦读书能使一个人时时注意充实自己以适应不断变化的社会和时世。古往今来大凡功成名就者哪个没有经过寒窗苦读，哪个没有在象牙塔中坚守过？所以明智的父母，即使坐拥万贯家财，也明白与其将那些金钱财富传给子孙后代，还不如教孩子们养成持之以恒读书学习的好习惯，使他们成为真正有学问的人。

　　萧何是西汉开国丞相，刘邦即位之后，封给他食邑一万三千户，这么丰厚的赏赐可以在京城广置豪宅，可是他却只选择在终南山下买了几间平常茅屋安闲度日。有人不理解他的行为，他说："传给子孙后代的应该是我的俭朴、贤良家风；如果我的子孙不能勤学苦读靠自己的才智安身成才，那么即使我将这些东西传给他们也终有一日会被挥霍掉。"应该说萧何是深谙"读书传家久"的含义了。

苦读方能成才，积学方能成大事。在辅助汉高祖刘邦建立汉朝的开国功臣中，张良得到的评价是很高的。刘邦曾经用"运筹于帷幄之中，决胜于千里之外"这样的话来将很多大战的胜利归功于张良。那么，张良"决胜于千里之外"的本领是从何而来的呢？我们来看看张良付出多少钻研和苦读才换来运筹自如的那一天吧！

张良，字子房，韩国的公子。秦国灭了韩国之后，张良曾意欲行刺秦始皇却未能成功，朝廷在全国范围内四处搜捕他。隐姓埋名的张良逃到了一个小城，在这里，张良遇到了一位老人。这位老人在几次考察他之后，传给他一部书——《太公兵法》。从此以后，张良日夜都在钻研、诵读这本书，对其中的谋略都是反复揣摩直到自己已经完全掌握。张良因为在隐居的这段时间里积累了深厚的兵法知识，才在后来实际指挥作战的时候能够运筹帷幄、决胜千里。由此我们可以看出，读书是实践的前提和基础，如果没有深厚的学识，在我们的工作和学习中是不可能做到游刃有余的。

追求学问可以让一个人志向坚定成就事业，也能让一个人学会真诚待人，尊师重友，谨慎听取父母兄长的话。俗语说"读书明理"，认真谨守父兄的教诲，待人谦虚诚实，必然会是一个淳朴仁厚的好子弟；能勤劳俭朴地持家，也就必然会创立家业，为后世子孙打下坚实的基础。祖先创立家业，不知道要经过多少风风雨雨，忍受多少艰难困境，经过多少努力，才能够使后世子孙衣食饱暖。一个孝敬父母、尊敬兄长的人必定会懂得珍惜这份来之不易的家业，勤恳节俭度日，养成自己立世待人的良好操行，从而不辜负先人的辛劳和努力。

《唐语林》中有两则故事。唐太宗时期曾经有一次大宴群臣，由宇文士及割肉。宇文士及割完之后，用面饼擦干手上的肉汁，太宗默不作声，只是用眼睛盯着他看。不知是宇文士及真的有节俭的习惯还是感觉到芒刺在背，总之是不动声色地很从容地把那块面饼吃下去了。那边太宗好像也松了一口气。到了唐玄宗时期，国家已经比较富裕，但玄宗本人还是过着相对俭朴的生活。有一回，太子李亨和玄宗一起进餐，同样是割肉。太子在割完以后也用一块面饼擦了擦手，玄宗一直盯着他看，已是有点大不高兴，直到太子慢慢举起手中的饼大口大口吃起来，玄宗才高兴地松了一口气说："福当如是爱惜。"

　　所以，为人处世，知道守住家风，养成冰清玉洁的操行，才能永葆仁德之心、廉洁之志，才有可能恒立于多变的世界。在家道兴隆、事业如意的时候，可以头脑清醒地持盈保泰，以宽容之心兼济天下，使家业保持长久而不衰败。在道路曲折复杂的时候能够坦然面对，养心守身，以福乐之心、从容之态豁达而洒脱的胸怀走好每一段路途。

　　读书做人，创业教子，一个人如果能够做到这样，他的人生一定会多安乐幸福，少争斗纷扰。

尚德

相关链接：吾善养浩然之气。——孟子

慎终，追远，民德归厚矣

曾子曰："慎①终②，追③远④，民德归厚矣。"

——《论语·学而》

> **注**
> ①慎：谨慎对待。
> ②终：寿终，指人去世，在这里指父母的去世。
> ③追：追念。
> ④远：远祖、祖先。

●●● 释义 ●●●

曾子说："要谨慎地对待死亡这件事，虔诚地追祭祖先，（这样做了）人民的道德就会归复忠厚老实。"

曾子讲的这句话，含义深厚。先看"慎终"，什么叫终呢，人死为终。所谓"慎终"，就是对待死亡要慎重。这又有两种解释：一种解释是对待丧事要郑重，不要马虎。一般的规律是长辈先去，对丧事郑重，就是对长辈尊重。另一种解释是对死亡这件事要慎重。即一个人对待死亡要慎重，不要拿自己的生命不当回事。后者应该更符合曾子的原意。曾子生病将死时，把他的学生招到床前，说"启予手，启予足"，就是掀开我的被子看看我的手，我的足。这是为什么呢？按照儒家学说，人之发肤，受之父母，不敢也不能轻易毁伤，去世的时候，身体完完全全地就是尽了最大的孝。所以曾子临死时，让他的学生看看他的手，看看他的足，表明自己身体是完整的，表明自己是尽孝了。由此我们可以看出曾子"慎终"的最基本含义应该是保护好自己的身体，善待自己的生命——最好做到自然死亡，不要暴死。诸如自杀、自残都不可取，因为那样做是不孝的。《三国演义》有个曹操断发的故事。有一次，行军时，曹操发了一道命令，不能踏民田，违令者斩。可就是他的马惊了踏了麦田。按令得斩。曹操是统帅，谁敢斩？当时无论谁也不敢做出斩的决定。曹操说，不斩怎么能服三军呢？要不这样吧，割我的头发就算是权当斩首吧。照现代人看，曹操太奸诈了，头发能与命比吗？但曹操为什么割了头发能得到三军的谅解呢？因为在儒家看来，身体发肤，受之父母，不敢伤也，所以曹操才能诚服士兵而得以过关。

什么是"追远"呢？"追"是追念的意思。不要忘记自己的祖先，不要忘记自己的长辈，时刻地记念着他们，这就是追远。"慎终追远"不但是儒家提倡的思想，事实上也是中华民族的一种优良传统。曾子的这段话认为，如果能谨慎地对待父母的去世，追念感激久远的祖先，世上就有重德的气氛，民德就高尚了，民风就淳厚了，老百姓的道德观念就会日趋淳厚。用今天的话来说，也就是说儒家是通过"慎终追远"的方式来表达对人的终极关怀。

善待自己的生命，其实是善待自己的人生，也是一种对自己对他人负责任的生活态度。在浩瀚的宇宙之中、千万年的历史长河里，我们每个人的生命渺小得如一粒尘埃。但又是怎样的幸运怎样的机缘，才使得我们能够来到这风景无限的世界走一段人生路，我们有什么理由不好好善待只有一次的宝贵生命呢？尽管生活让我们尝遍了酸甜苦辣的百般滋味，让我们在一些难熬的日子苦苦支撑，但正如有位诗人说过：这世上很少有穷途，多的是我们自己认为的末路。相信"山重水复疑无路"的时候，正是离峰回路转最近的时刻，那些柳暗花明的美好正在前方不远处等着那些坚持到底的人。所以，索性像王维一样"坐看云起时"地闲淡从容，或者像鲁迅所说"拼得双脚的鲜血淋漓也到荆棘里踩着过去"。

有时间，我们应该将我们的目光多多投向那些身残志坚的强者，他们才深谙这生活的真实含义；我们更应该多看看那些身患绝症却依旧以灿烂笑容面对每天的人们，他们会告诉你有限生命的每一天是怎样的可贵而值得珍惜。所以，有怎样难解的心结竟然使得那些绝望的人们宁愿舍弃疼惜关心他的众人，丢下自己的大堆责任轻易赴死？如果一个人懂得时时追念先祖的艰难生活，他也就真正明白世代生生不息的道理，知道该将自己的人生每日过得充实而快乐；如果一个人真正懂得好好珍惜自己的生命，他也就真正懂得对社会、对家人负责。命运只是将时光交到你手上，你是决定朝气蓬勃、旷达安适地度过，还是决定整日坠入唉声叹气、怨天尤人的消沉苦海中呢？

如果我们每个人都选择前者，那么我们就做到了"慎终，追远"的内在要求，这社会也必然会少很多悲伤叹息。

名家美文话格言

相关链接：涵养、致知、力行三者，便是以涵养为首，致知次之，力行又次之。——朱熹

子孙愚兮礼义疏

仓廪①虚②兮岁月乏③，子孙愚兮礼义疏④。

——周希陶：《增广贤文》

> **注**
> ①仓廪：仓库。
> ②虚：空虚。
> ③乏：贫乏。
> ④疏：疏浅。

●●●● 释义 ●●●●

　　仓库里如果没有储存的粮食，日子就会过得贫穷；子孙如果愚蠢，就不会懂得礼节。

　　"仓廪虚兮岁月乏，子孙愚兮礼义疏"，这句话是说仓库里如果没有储存的粮食，日子就会过得贫穷；子孙如果愚蠢，就不会懂得礼节。这句贤文将精神层面的东西（礼义）与物质层面的东西（仓廪）相提并论，说明礼节对一个人是何等重要。一个家庭没有吃穿，日子就无法过下去；同样，一个家庭的子孙后代如果愚蠢无知，不懂得礼节的话，这个家庭还有什么希望呢？因此，做人要讲究礼节，正是"仓廪虚兮岁月乏，子孙愚兮礼义疏"这句贤文阐述的要旨。

　　中国是一个闻名于世的礼仪之邦，我们的先辈创建了丰富的礼仪文化，礼仪构成了中国文化的重要内容，我们经常挂在嘴上的"仁义礼智信"，其中就有一个"礼"字。

儒家创始人孔子一生都在宣扬"克己复礼"的思想。孔子曰："兴于诗，立于礼，成于乐。"意思是说用诗歌来激发人的兴趣，用礼仪来规范人的行为，用音乐来赞美人的仁德。在孔子看来，礼是规范人们的行为准则，一个社会不能没有行为准则。

在现实生活中，礼节对维系人际关系经常起到非常重要的作用，有时礼节比知识更重要。下面这则故事就告诉了我们这个道理。

许多单位招聘员工，不仅要看学习成绩，还要考察为人品行等方面。某一年，有一批应届毕业生30人，实习时被导师带到北京的国家某部委实验室去参观，全体学生坐在会议室里等待部长的到来。这时，有一位秘书给大家倒水，同学们表情木然地看着她忙活，其中一个还问："有绿茶吗？天太热了。"秘书回答说："非常抱歉，刚刚用完了。"当秘书给一位叫徐平的同学倒茶时，徐平真诚地说："谢谢您，大热天的，辛苦您了！"秘书高兴地看了徐平一眼，虽然这是很普通的一句客气话，却是她今天唯一听到的一句令她高兴的话。

门开了，部长进来和大家打招呼，不知怎么回事，会议室里却显得静悄悄的，没有一个人回应。徐平左右看了看，犹豫了一下带头鼓起掌，同学们这才稀稀落落地跟着拍手，由于不齐，越发显得零乱起来。部长挥了挥手，说："欢迎同学们到这里来参观。平时这些事是由办公室负责接待，因为我和你们的导师是老同学，关系非同一般，所以这次我亲自来给大家介绍一些情况。我看同学们好像都没有带笔记本，这样吧，王秘书，请你去拿一些我们部里印的纪念画册，送给同学们做个纪念。"

接下来，尴尬的事情发生了，大家都坐在那里很随意地用一只手接部长递过来的画册。部长的脸色越来越难看，当走到徐平同学面前时，已经快没有耐心了。就在这时，徐平礼貌地站起来，身体前倾，双手接过画册，恭敬地说了一声："谢谢您！"部长闻听此言，觉得眼前一亮，伸手拍了拍徐平的肩膀："你叫什么名字？"徐平照实回答了。部长微笑地点头回到了自己的座位上。早已汗颜的导师看到此景，这才稍微松了一口气。

几个月后，只有徐平收到了该部委寄来的接收函。有几位填报了分配意向的同学颇为不满地找到了导师，说："徐平的成绩最多算是中等，凭什么选他而不选我们？"导师说："这是人家点名来要的。其实你们的机会是一样的。不错，你们的成绩的确比徐平还要好，但是除了书本上的知识之外，你们需要学的东西太多了。做人要懂得礼貌，这是最起码的要求，徐平同学在这方面比你们都要强，你们知道吗？"导师的一席话，说得这些同学都低下了头。

　　这个故事说明，礼节在某种程度上是一个人在社会上的通行证，如果"礼义疏"就有可能到处碰壁。"仓廪虚兮岁月乏，子孙愚兮礼义疏"这句话也告诉我们礼节对一个人是何等重要，要求我们要做好事先要做好人。

治国之德

中国自古就是一个重德治的国家，以德教化使国家上下和谐、百姓安居乐业，其"民本""仁政""王道"的慧思仍警示着我们。

名家美文话格言

相关链接：大道废，有仁义；智慧出，有大伪；六亲不和，有孝慈；国家昏乱，有忠臣。——《老子·十八章》

处无为之事，行不言之教

是以①圣人居无为之事②，行不言之教，万物作③而弗始也，为而弗志④也，成功而弗居也。夫为弗居，是以弗去。

——《老子·二章》

> **注** ①是以：连词，承上启下，通过总结上文得出结论。
> ②圣人居无为之事：圣人，古时人所推崇的最高层次的典范人物；居，担当、担任；无为，顺应自然，不加干涉、不必管束，任凭人们去做事。
> ③作：兴起、发生、创造。
> ④弗志：弗，不。志，指个人的志向、意志、倾向。

●●●● 释义 ●●●●

　　圣人以"无为"的态度去对待世事，实行"不言"的教导，（任凭）万物自然地生长变化而不去强为主宰，生养万物而不据为己有，培育万物而不自恃自己的能力，功成业就而不自我夸耀。

　　人生一世，谁不想有所作为？因此，"有为"和"言教"就成为社会的普遍理念。然而，很多时候当我们强调人人"有为"时，却带来整个社会的无所作为；强调"言教"时，带来的结果却是人心不古、道德堕落。所以，老子认为社会上的丑恶现象都是片面追求"有为"和"言教"之过。"有为"的对立面是"无为"，"言教"的对立面是"不言之教"，为了实现无所不为和社会淳朴的目的，他认为圣人应"处无为之事，行不言之教"。

一方面，要"处无为之事"。所谓无为，并不是消极不为，而是要反对盲目"有为"，要遵循自然之规律，不要强求或对事物的自然发生和发展强行进行干预，自自然然才是完美的。

在人类历史上，许多科学巨匠的成功，都得益于父母的无为无不为。发明大师爱迪生的故事尤为经典。

2008年是全世界享受电灯光明123周年，谁不感激它的发明者——伟大的托马斯·阿尔瓦·爱迪生？然而，1855年，8岁的爱迪生上学仅3个月，就被老师开除了，理由是他"是个不折不扣的糊涂虫"。

原来，爱迪生连续在考试中倒数第一，而且怪问题太多。譬如，老师教学生念字母把A念"ei"，他就问："老师，A为什么要念做"ei"呢？"老师又教1+1等于2，他又问："老师，为什么1+1等于2呢？"老师气坏了，用竹片打他的头，骂他"糊涂"。

爱迪生的母亲也当过教师，她在与校方争论无效的情况下，自己承担起教育儿子的重任，其方法正是无为之法。她发现爱迪生对物理、化学特别喜爱，就专程买来《自然科学与实验科学入门》，又把地下室借给儿子当实验室，任由他大胆探索。

谁也想不到，爱迪生第一个科学实验计划，竟是让人在空中飞翔！他相信：如果给人体充上比空气还轻的气体，那么，人就一定能像气球一样飞向天空。于是，他选择了一种爆发剂，据说可以制造比空气还轻的气体。他又鼓动好朋友奥池："你想飞不？想飞，我有办法让你飞！"奥池一向佩服爱迪生就同意了，口服了爆发剂，结果人没飞起来，却肚子疼得满地打滚。自然，爱迪生的母亲承担了责任，又请医生为奥池治疗，又向他父母赔罪道歉。但是，母亲依然没有剥夺儿子做实验的权利，而正因为如此，爱迪生一步步走向了成功。

事实证明，爱迪生的母亲因无为而成大为，恰恰在于尊重孩子的成长规律和特点，并创造条件让其把潜能变为了现实。

所以，老子所说的"无为"的目的在于大有作为、无所不为。

另一方面，要"行不言之教"。"行不言之教"，是指教育者以身作则，以自己良好的行为为受教育者树立典范，通过身教，在潜移默化中将教育内容传输给受教育者。在这方面，诸葛亮堪称典范。诸葛亮对自己要求严格，

相关链接：绝圣弃智，民利百倍；绝仁弃义，民复孝慈；绝巧弃利，盗贼无有。——《老子·十九章》

081

虽贵为丞相，也绝不搞特殊，坚持"行不言之教"。他一生廉洁奉公，生活俭朴。他在给后主（刘禅）的表上写着："成都有桑八百株，薄田十五顷，子弟衣食自有余饶。至于臣在外任，无别高度，随身衣食悉仰于官，不别治生，以长尺寸。"桃李不言，下自成蹊。诸葛亮这种廉洁的作风，对子孙是无形的教育，为后人树立了很好的榜样。

名家美文话格言

相关链接：君子养心莫善于诚。——荀子

道之以德

子曰："道①之以政，齐②之以刑，民免③而无耻④。道之以德，齐之以礼，有耻且格⑤。"

——《论语·为政》

> **注**
> ①道：有两种解释，一为"引导"；二为"治理"。在这里主要指"引导"。
> ②齐：使整齐。
> ③免：避免、躲避。
> ④耻：羞耻之心。
> ⑤格：纠正。

●●●● 释义 ●●●●

孔子说："用法制禁令去引导百姓，使用刑法来整顿、约束他们，老百姓只是求得免于犯罪受惩，却失去了廉耻之心；用道德教化引导百姓，使用礼制去统一百姓的言行，百姓不仅会有羞耻之心，而且也守规矩、会纠正自己的错误了。"

在这句话中，孔子举出两种截然不同的治国方针。孔子认为，刑罚只能使人避免犯罪，不能使人懂得犯罪可耻的道理，而道德教化比刑罚要高明得多，既能使百姓遵守规矩，又能使百姓有知耻之心。这反映了道德在治理国家时有不同于法制的特点。

"政"包括正道与权力，"治"有礼治与刑治。古今中外治民虽有多

相关链接：孔子曰：「圣人治化，必刑政相参焉。太上以德教民，而以礼齐之。其次以政导民，而以刑禁之。化之弗变，导之弗从，伤义以败俗，于是乎用刑矣。」——王肃：《孔子家语·刑政》

术，从根本上说，顺民性则治，逆之则乱。圣君因身劳天下为众望所归，只能用仁德引导，别无天生特权。

在孔子看来，"道之以德，齐之以礼"，是古史事实如此，天道民心如此，故可深信无疑。天意虽不可知，民心实至今依然如此。德政礼治虽得民心，却不合君意。孔子时周王室衰，天子不能约束诸侯，主盟的方伯亦相继谢世，维系天下秩序的礼乐败坏，正是诸侯与权臣以权势放手横行的大好时机。兼并战争与贵族淫奢，使刑罚成了执政虐民的法宝，于是"刑政"逐步取代"礼治"。考察"刑"的由来，本是为对外族用兵，征讨暴乱。一个朝代到了政不正、民不服，才制酷刑以威国民。"夏有乱政，而作《禹刑》，商有乱政，而作《汤刑》，周有乱政，而作《九刑》。三辟（三种刑律）之兴，皆叔世（末世）也。"盛世对敌战争的肉刑，末世用作残民的合法手段；孔子深知，治民以德还是以刑，日益成为严重斗争了。不仁者才只把人民当统治对象看待，则政不必正，德与刑都可治，秩序都可能安定。

所以孔子说过治理政事的美德是能够给人民好处，劳动百姓但百姓却并不怨恨，法令威严但并不凶猛，使得百姓能够谨言慎行但却保持淳朴民风。事实上，在孔子的政治思想中，"民本"观念是贯穿其中的，他主张以礼、以德使人民和国家上下和谐，而不是用棍棒、严刑使百姓只是惧于表面但内心其实并未真正理解德的内涵。

雍正年间，广西提督韩良辅曾经奏称："广西瑶族、壮族出入必带刀枪，所以行凶颇易，仇杀迭开"，但是这些都在深山旷野行走的瑶族人和壮族人，行踪不定，官府的兵丁根本难以稽查，所以奏请各协营官兵帮助擒拿，甚至打算拨兵征讨。但是，雍正并没有认同韩良辅的做法，在清楚地认识到当地的民情民风的基础上批复说：瑶民、壮民地处深山野林较多，随身携带刀枪也多是为了防身或是打猎，并非专门用来杀人。如果违背当地民情，用兵丁征讨，只会滋扰当地的百姓，使瑶族人、壮族人产生逆反心理，并不能从根本上解决问题。当地的民风因为长期没有接受文化教育比较野蛮刁悍，他就指示当地官员要多方慢慢引导，循序渐进使少数民族人接受汉族的文化和知识，用礼教和文化来从思想源头上解决问题。他的做法是用仁德来换回人心，而不是一味依靠严刑。为此，雍正还特意又下诏：当地瑶族人、壮族人只有在杀人劫掠时才能按法律治罪，如果他们没有犯罪而只是携带刀枪，就不能随便动辄绳之以法。

　　孟子也曾经说过，桀和纣的丧失天下，是由于暴政酷刑失去了百姓的支持；他们失去了百姓的支持，是由于失去了民心。所以获得天下的方法是获得百姓的支持，获得百姓的支持的方法是获得民心，而获得民心的方法一定是仁义和礼治。把他们所希望的，替他们聚积起来；他们所厌恶的，不要加在他们头上，如此而已。宽则能容者众，刑则敌之者多。如政府能"道之以德"，百姓就信任它为民做主，他们也就能做到"有耻且格"，这样天下即可安定了。

名家美文话格言

相关链接：善者，不善者之师；不善者，善者之资。——《老子·二十七章》

见贤思齐焉，
见不贤而内自省也

子曰："见贤①思齐②焉，见不贤而内自省③也。"
——《论语·里仁》

> **注**
> ①贤：贤能的人、有德行的人。
> ②齐：看齐，向他学习。
> ③自省：反思自己的缺点。

●●●● 释义 ●●●●

　　孔子说："见到贤能有德行的人就要（努力向他）看齐，见到没有德行的人就要反省自身的缺点。"

　　这是孔子说的话，是后世儒家修身养性的座右铭，也是我们日常生活中修身的妙法诀窍，即不管遇到善人恶人、智者愚者、顺境逆镜，均能从中提高自己。镜子，历来是人们查看自我形象的不可或缺之物。人的仪容外表怎样，可以在有形的镜子中映现出来；人的思想、心灵、行为究竟如何，却需要到生活之镜中去查看验证了。

　　"见贤思齐"是大家都能理解的，指好的榜样对自己的震撼，驱使自己努力赶上，以人之长，补己之短。看到别人某一方面做得好，我们通常会产生一种佩服和赞美的心理。但是一个真正上进的人还会想到：我也要像他一样好，至少我要努力做得和他一样好。每天进步一点，积累起来也可以成为巨大的成就。

好人固然可以成为我们学习的榜样，但不贤德的人也可以成为我们对照自己的镜子。"见不贤而内自省"是说以坏的榜样为镜子，要学会吸取教训，不跟别人一同堕落下去。当看到一个人做了不应该做的事情时，我们通常的做法都会在心里产生一种厌恶。这时我们同时也应该进一步想一下自己有没有过这种为人所不齿的行为，有则改之，无则加勉。时日一久，我们身上的缺点就会越来越少。孟子的母亲因为怕孟子受到坏邻居的影响，连搬了三次家；杜甫写诗自我夸耀"李邕求识面，王翰愿为邻"，都说明了这种榜样的作用。

俗语说得好"人外有人，天外有天"，人总有自己的优缺点，因此，我们要时时注意自己的言行举止。看见怀有德行的人，一定要诚恳地向其学习，这样才能增加自己学习、上进的机会，练就更多的才能，更好地陶冶自己的情操。唐代著名画家吴道子出身贫寒，但他在平时非常注意自己的行为和品德，并且只和那些当时的贤人结交为友，如将军裴旻、长史张旭等人。在洛阳，裴旻重金厚赠请吴道子到天宫寺作画，吴道子作完画后婉言谢绝酬劳，并且说能和有才德的人为友，已是获益匪浅，只求观赏裴旻的剑术。于是裴旻拔剑起舞，而吴道子感其壮气挥毫疾书，写出了绝妙的草书。这是典型的以贤为友，自己也不断提高的故事。

唐太宗应该算是最出色的借鉴大师了。宰相房玄龄曾经上奏："刚才我检查兵器库，发现库存的兵器少于隋代，请陛下降旨尽快补充。"太宗听后却回答道："要对抗外敌，兵器库必须充足。但如今天下初定，当务之急是用心于国内发展，改善人民生活，国家亟待休养生息。隋炀帝之所以灭亡，并不在于他兵不精，将不广，而是因为他舍弃仁义，招致民怨，我们可不能重蹈覆辙啊。"

还有一次，太宗曾经对左右说过："所谓的长生不老之术，纯属神仙鬼怪之类的谎言，人世间怎么可能存在这样的事？可是秦始皇时却广求神仙之药，并让方士代为尝药；汉武帝时期也是沉迷于仙术，甚至将自己的女儿嫁给方士，可是知道是骗局后却又杀掉很多人；我们要从这些古时的事情中吸取教训啊。""以古为镜可以知兴替，以人为镜可以明得失"这句话是太宗经常说的。他时刻自省，时刻注意自己的行为举止，同时，他还要求身边的人要做他的耳目和镜子，对于他的过失要直言进谏。因为有着如此睿智的眼光懂得以前人失败为鉴，不断反省自己，唐太宗才会大胆起用善于进谏的魏徵，才有可能成为一代明君，也才出现了历史上有名的"贞观之治"。

　　哲人曾经说过，生活里的每一个人都是你的老师，即使是那些犯了错的人，同样可以让你学到些东西。你可以他为镜，看看自己有没有做过哪样不仁义的行为？多看看别人的优缺点，分析他人做事的得失，便可在不断地借鉴别人经验教训的过程当中使自己少走弯路，形成自己的处世准则，进而为自己拼搏进取的道路打下坚实的基础，换来人生的辉煌和美好。你的思维，决定你的未来；而你的未来，其实就在你手中。所以，好好向身边的每一个人学习吧！

名家美文话格言

相关链接：终温且惠，淑慎其身。——《诗经》

居安思危，戒奢以俭

人君当神器之重，居域中之大，不念居安思危，
戒奢以俭，斯亦伐根以求树茂，塞源而欲流长也。

——魏徵：《谏太宗十思疏》

注 ①君：指国君。
②神器：指国家政权。

●●● 释义 ●●●

国君掌握帝位的重权，处在天地间最高的地位，不考虑在安乐
时想到危难，用节俭来消除奢侈，这也像砍伐树木的根却要求树木
茂盛，阻塞水的源头却希望水流得长远一样啊。

戒奢以俭是我们中华民族的传统美德，无论是治国，还是治家，都要永
远保持，并且发扬光大。古往今来，凡有识之士都是鄙夷奢侈的，并把
"俭"与"奢"同国家的兴衰、个人品质联系起来，认为"以俭立名，以奢
自败"。唐代大诗人李商隐的《咏史》诗中也说："历览前贤国与家，成由
勤俭败由奢。"对这个被无数事实证明了的真理，古今中外一些明智的政治
家都十分重视。

据《宋史》记载，宰相范质病了，太祖赵匡胤前往探望。范质请皇帝

089

用茶，茶具是粗瓷杯盘。赵匡胤皱皱眉心中不悦，暗想：他是朝中一品高官，岂能如此穷酸？皇帝以后又去了几次，细心观察，发现范质睡的是硬板床，床上铺的是旧棉被。回来后，就派人送去了雕花床、鸭绒被和精美的茶具等。不久赵匡胤再去时，看到范质还睡硬板床，仍使粗瓷杯盘，便疑惑不解地问："爱卿身为宰相，何必这样同自己过不去呢？"范质微微一笑，拱手回答道："陛下给我那么多俸禄，岂能置办不起好家具？只是为臣倘若摆设豪华，过分奢侈，来访的大小官吏便会一一效仿，岂不带坏了朝野风气，成为千古罪人？"赵匡胤听了连声叫好，称赞范质戒奢以俭的道德操守为一代风范。

作为一人之下、万人之上的宰相，范质鄙夷奢侈、以俭为乐、以素为荣的道德情操实在令人敬佩。更重要的是，他作为宰相想到的不光是自己俭素为美，而且怕由于自己的奢侈使来访的大小官吏一一效仿，带坏了朝野风气，故而自己坚持戒奢以俭，带好头、做出榜样。这样崇高的思想境界，在今天看来都是难能可贵的。

这样的事例在中国的历史上不胜枚举，也正是这些无数的历史名人以他们的光辉榜样赋予"节俭"更丰富、深刻的意义。唐朝的魏徵是历史上有名的诤臣，曾先后二百多次上书指责唐太宗的过失，在《谏太宗十思疏》里，他提出欲"求国之安"必"戒奢以俭"的观点。北宋的司马光曾在《训俭示康》一文中提出"由俭入奢易，由奢入俭难""以俭立名，以奢自败"的主张；同时他告诫其子司马康要"以俭素为美"，不要"以奢靡为荣"，这是极有见地的。

艰苦朴素，也是我们党的光荣传统。革命烈士方志敏说："清贫、朴素的生活，正是我们革命者能战胜许多困难的地方！"我们党和国家的老一辈无产阶级革命家更是躬行节俭，力戒奢华，可以说是戒奢以俭的典范。美国作家斯诺当年到延安，看到毛泽东住着简陋的窑洞，周恩来睡着土炕，彭德怀穿着用缴获的降落伞改制的背心，深切感受到中国共产党人所拥有的一种伟大力量，断言这是"兴国之光"。

事实上，节俭不仅与治国、治家有着密切的联系，同时也是个人修养的一种优秀品质。诸葛亮说："夫君子之行，静以修身，俭以养德，非淡泊无以明志，非宁静无以致远。"所以说节俭，也应该成为一个人骨子里最质朴的东西。

　　"俭，德之共也；侈，恶之大也"，意思是：节俭，是善行中的大德；奢侈，是邪恶中的大恶。古人很早就从礼和德的高度来看待节俭，更是把奢侈浪费看作一种恶行。在物质极大丰富的今天，戒奢以俭，不靡费财物，仍是值得我们崇尚的美德。我们要让节俭成为伴随人一生的基本道德素养。

相关链接：天下之事，患常生于忽微，而志戒于渐习。——程颢

老吾老，以及人之老；幼吾幼，以及人之幼

老吾老①，以及人②之老；幼吾幼③，以及人之幼。

——《孟子·梁惠王上》

> **注** ①老：第一个"老"为动词，意为尊敬；第二个"老"为名词，意指长辈。
> ②人：别人，泛指自己以外的人。
> ③幼：第一个"幼"为动词，表示爱护；第二个"幼"意指晚辈。

●●● 释义 ●●●

尊敬我自己的长辈，从而推广到尊敬别人的长辈；爱护自己的晚辈，从而推广到爱护别人的晚辈。

儒家和墨家的思想一直秉承天下为公、选贤举能的仁爱中心思想。所谓"人不独亲其亲子其子，老有所终、壮有所用、幼有所长，鳏寡孤独废疾者皆有所养；男有分（不失业），女有归"。要求人要在爱护自己亲人的前提下，仁爱进而宽济天下。一个人如果能够在敬爱自己长辈的基础上，从而尊重爱护所有年长的老人；如果能够在呵护宠爱自己晚辈的基础上，进而推广到以宽容之心爱护所有的晚辈，那么这个人就必定是个仁义之人。

众所周知，舜小时候际遇凄惨，他的父亲是个瞎子，母亲早逝之后，父亲又娶了一个狠心的继母。舜同父异母的弟弟象是个桀骜不驯的人，但很得父亲的欢心。舜的父亲总是看他不顺眼，经常会因为一点点小事就重罚舜，甚至想要杀死舜，但舜还是恭谨从事忠诚小心。舜的孝心和仁爱之名使得他的美名远播。舜30岁的时候，尧帝问谁可以治理天下，四岳都推荐舜，说这个人很是贤明。于是尧帝将自己的两个女儿都嫁给舜并考察舜的德行。舜做事为人更是谨慎，时时注意自己的言行举止。舜在历山耕作，历山人都能互相推让地界；在雷泽捕鱼，雷泽的人都能推让便于捕鱼的位置。一年的工夫，他住的地方就成为一个村落了，不久就不断发展为小城镇。见了这些变化，尧帝又赐舜一套细葛衣服、一张琴，为他建了一个仓库，还赐给他一些牛羊。这时，舜的父亲还想杀害他，竟然让舜登高去用泥土修补谷仓，他却在下面放火；又让舜去挖井，舜挖井的时候，他和象一起往下倒

尚德

相关链接：诸恶莫作，众善奉行。
——周希陶：《增广贤文》

土填埋水井，舜在挖井的时候在侧壁凿出一条暗道通向外边才逃过劫难。象和他的父亲以为舜已经死亡，就开始瓜分舜的财产。这个时候逃出来的舜回到了家里，他的弟弟于是说："我正在想念你呢。"而舜不计前嫌，仍旧像从前一样侍奉父母、爱护弟弟，赢得了人们的尊重和爱戴。这样，舜以敬重自己父母、爱护自己弟弟的心灵治理国家、爱护百姓，最终成为人们心中贤明仁爱的君主。

天下的事情事实上都是相通的。涉及别人的事情首先考虑到如果这是自己亲近的人会是怎样呢？孝敬自己亲人的人，自然也就不会怠慢疏远他人，那么就达到了厚道孝顺"老吾老以及人之老"的真正境界了。爱护和敬重之心因亲人而起，却又将这仁爱的光芒照耀到所有人的身上，爱达于四海，情洒于天下，这世界将更加美好。

上好义，则民莫敢不服

子曰："上①好②礼，则民③莫敢不敬；上好义，
则民莫敢不服；上好信，则民莫敢不用情④。"
——《论语·为政》

注
①上：指统治者、皇帝。
②好：喜欢。
③民：百姓、人民。
④情：（做事）实在。

●●●● 释义 ●●●●

孔子说："统治者以礼治国，那么百姓没有敢不尊敬的；统治者推崇道义，那么百姓没有敢不服从的；统治者重视诚实守信，那么百姓也就没有敢做事不实在的。"

相关链接：行礼不求敬而民自敬，行义不以服民而民服，施信不以结心而民自尽信，言民之从上，犹影之随形也。负子以器，言化之所感，不召而自来。——李充云，《论语集解义疏》

"为政以德，以礼治国"是孔子政治观点的核心，也是孔子政治道德学说的基本原则和鲜明标志。孔子认为，统治者自己应当以身作则，为百姓树立榜样，起到表率和带头作用。所以孔子说："以礼治国，那么百姓没有敢不尊敬的；统治者推崇道义，那么百姓没有敢不服从的；统治者重视诚实守信，那么百姓也就没有敢做事不实在的。"这段话，比较深刻地揭示和说明了中国文化传统中的大众心理，也说明了领导者的思想作风对广大群众所产生的"上行下效"的心理效应。不仅如此，孔子还把为政者的品

德作风比作"风"，把百姓的品德作风比作"草"，为政者的品德作风对广大百姓有着重要的引导和影响作用。他在回答子路"问政"时说"先之劳之"，即是说为政者要先给百姓作出表率。这就是他所说的"子欲善而民善矣。君子之德风，小人之德草，草上之风必偃"。也就是说君子的德行就像是风，而小人的品行就像是草，草一定顺着风的方向倒，表明有德行的人的影响力是巨大的。当季康子苦于盗贼太多而向孔子请教时，孔子回答说："苟子之不欲，虽赏之不窃。"在孔子看来，如果为政者自己清正廉洁，不贪求财货，那么即使奖励偷盗，人们也不会去做偷盗的事情。这表明，为政者的道德品行不仅具有极大的影响力，而且具有鲜明的导向作用。所以孔子说："上好义，则民莫敢不服。"

在中国古代，"义"主要是指一个社会人们普遍推崇的道德准则，"利"则主要是指个人的物质利益。孔子认为，君子要懂得大义，要使自己的思想和行为首先符合"义"的要求。作为领导者，在工作实践中难免会遇到各种利益方面的矛盾冲突，如何对待这种冲突呢？从"无见小利"的思想观点出发，就要求领导者做到大公无私，先公后私，舍己为人，服从大局。

战国时期，齐国有个大名鼎鼎的孟尝君，他担任齐国相国的时候，封地在薛邑，有一万户佃农。孟尝君家中养着许多门客，其中有一个叫冯谖的非常有才干。有一次，孟尝君派冯谖到薛地去收债。临行的时候，冯谖问孟尝君："收完了债，要买些什么东西带回来吗？"孟尝君想了想回答道："你看着办吧，咱们这里缺些什么，就买些什么回来吧。"冯谖到了薛地，把债户们召集起来，当众宣布："孟尝君不要大家还债了。"并且当场把债券全部烧掉，债户们个个喜出望外，感激不尽，齐呼万岁。

冯谖回来后，孟尝君问他债收齐了没有，买了些什么东西回来。冯谖说："您让我买这里所缺的东西，我想，珍珠、宝贝、马匹、美女，您应有尽有，所缺的就是一个'义'字，所以我把'义'给您买回来了。"接着就把如何免债，当众烧掉债券的事情经过作了汇报，孟尝君虽然很不高兴，但也无可奈何，只得作罢了。隔了一年，孟尝君被免去了相国的职位，只好迁居到薛地。当孟尝君离薛地还有一百里远的时候，薛地的老百姓们就扶老携幼前来欢迎。孟尝君见了此种情景，十分感动，也终于明白了冯谖的用心，感叹道："你给我买的'义'字，我今天终于看到了。"

孔子也强调个人的物质利益，但关键是看采取什么样的方式、手段去谋利，孔子认为不能为了追求私欲的满足而损害道义。而当义与利发生冲突、不能两全时，孔子主张要成全"义"而牺牲"利"。见利思义，在没有完全否定利，而是充分肯定了人们物质利益的合理性的基础上，强调义的道德价值应该放在首位。甚至为了"义"可以牺牲自己的生命，这就是他所说的"仁人志士，无求生以害仁，有杀身以成仁"。

在孔子看来，为政者以"义"来治理政事，即在政务中坚持和遵循一定的政治道德规范，重信守义，就可以像北极星那样安居在自己的位置上，自然受到人们的爱戴和拥护。孔子的政治道德规范学说内容是极其丰富的，认识也是非常深刻的。他的"上好义，则民莫敢不服"的思想直到今天，仍然具有一定的现实警世意义。

恃德者昌，恃力者亡

恃①**德者昌**②**，恃力者亡。**

——司马迁：《史记·商君列传》

注　①恃：倚仗。
　　　②昌：兴旺。

●●●● 释义 ●●●●

依靠美德的一定兴旺发达，凭借暴力的必将灭亡。

　　读古代历史，处处可以发现有王道和霸道这两派人物，两派做法。在中国古代，围绕着治国这个核心，自春秋战国始，产生了百家争鸣的盛况，自历时甚短、二世而亡的秦王朝，至汉武帝刘彻"罢黜百家，独尊儒术"止，各家各派的风云激荡、争奇斗艳，令人叹为观止！但是，即使在确立了儒家的独尊地位之后，法家也并没有由此落得"门前冷落车马稀"、无人问津的地步。按照鲁迅的说法，中国实行的一直是"阳儒阴法"的统治策略。

　　过去的历史学家，对于王道和霸道，也有不少评论。汉代有一位大学者，名叫刘向，博通经术，评论历朝政治得失，有独到见解，兼晓天文地理三教九流之学。汉元帝叫他负责校阅天禄阁藏书，他一边读书，一边著书。在他所著的《新序·善谋篇》中写道："王道如砥，本乎人情，出乎礼仪。"他把王道看作是由于人情和法律道德相结合的结果。

用我们现在的观点，对于王道和霸道，究竟应该怎样看呢？所谓王道，实际上就是人们在一定的历史时期，处理一切问题的时候，按照当时通行的人情和社会道德标准，在不违背当时的政治和法律制度的前提下，所采取的某种态度和行动。反之，如果不顾一切，依靠权势，蛮横逞强，颐指气使，巧取豪夺，就是所谓霸道了，简要地说就是"恃力"而霸。

在相反这一方面最突出的代表人物是商鞅。据司马迁写的《史记·商君列传》所载：公元前338年，秦国秦孝公去世，其子即位为秦惠文王。因公子虔的门下人指控商君要谋反，便派官吏前去捕捉他。商君急忙逃往魏国，魏国人拒不接纳，把他送回到秦国。商君只好与他的门徒来到封地商於，起兵向北攻打郑。秦国军队向商君进攻，将他斩杀，车裂分尸，全家老小也被杀光。他的下场就是"恃力"的结果。

起初，商君在秦国做国相时，制定法律极为严酷，他曾亲临渭河处决犯人，血流得河水都变红了。他任国相十年，招致很多人的怨恨。一次，赵良来见商君，商君问他："你看我治理秦国，与当年的五大夫百里奚谁更高明？"赵良说："一千个人唯唯诺诺，不如有一个人敢于直言不讳。请允许我全部说出心里的意见，而您不加以怪罪，可以吗？"商君说："好吧！"赵良坦然而言："五大夫原是楚国的一个乡野之人，秦穆公把他从卑贱的养牛郎，提拔到万民之上、无人可及的崇高职位。他在秦国做相国六七年，向东讨伐了郑国，三次为晋国扶立国君，一次拯救楚国于危难之中。他做相国，劳累了也不乘车，炎热的夏天也不打起伞盖。他在国中视察，从没有众多车马随从前拥后呼，也不舞刀弄剑咄咄逼人。五大夫死的时候，秦国的男女老少都痛哭流涕，连儿童也不再唱歌谣，舂米的人也不再唱舂杵的谣曲，以遵守丧礼。现在再来看您。您起初得以结交主上的宠幸心腹，待到掌权执政，就凌辱践踏贵族大家，残害百姓。弄得公子虔被迫杜门不出已经有八年之久。您又杀死祝欢，给公孙贾以刺面的刑罚。《诗经》中说'得人者兴，失人者崩'，上述几件事，可算不上是得人心。您的出行，后面尾随大批车辆甲士，孔武有力的侍卫在身边护卫，持矛挥戟的武士在车旁疾驰。这些保卫措施缺了一样，您就绝不出行。《尚书》中说'恃德者昌，恃力者亡'，上述的几件事，可算不上是以德服人。您的危险处境正像早晨的露水，没有多少时间了，却还贪恋商於地方的富庶收入，在秦国独断专行，积蓄下百姓的怨恨。一旦秦王有个三长两短，秦国用来逮捕您的罪名还会少吗？"商君没有听从赵良的劝告，只过了五个月就大难临头了。

《长短经》认为：商鞅开创了"以恶治国"之先河，不是靠道德、仁政、教化去统一天下，而是靠军事、武力和战争去统一天下。他的下场验证了"恃德者昌、恃力者亡"是千古不变的道理，我们应从中获得一些教益。

水则载舟，水则覆舟

君①者，舟也，庶人②者水也；水则载舟，水则覆舟。

——《荀子·王制》

> **注**
> ①君：君主。
> ②庶人：指百姓。

●●●● 释义 ●●●●

君王，就像舟一样，而百姓就像水一样；水能载舟，亦能覆舟。

　　儒家的政治思想中，"民本"是贯穿始终的核心。不管是孔子，还是孟子，都认为只有将百姓放在首位的君王才能真正实现"仁"政，也才能巩固自己的统治。以百姓的快乐为自己的快乐者，百姓也会以国君的快乐为自己的快乐；以百姓的忧愁为自己的忧愁者，百姓也会以国君的忧愁为自己的忧愁。所以，在孟子的思想中，不断提到民事为先的主张，认为民事才是至关重要的，即"民事不可缓也"。关心人民是最紧迫的任务。于是孟子说："天降下民，作之君，作之师，惟曰其助上帝宠之。"也就是说天降生一般的平常人的同时，也替他们降生了君主和师傅，这些君主和师傅的唯一责任，就是帮助上帝来爱护人民。所以贤明的君主在规定百姓的产业时，一定要使他们上可以养父母，下可以养妻子儿女，好年成能丰衣足食，遇上荒年也不致饿死。不要在农民耕种和收获的大忙季节征兵和征徭役，妨碍生产，那么生产的粮食便吃不尽了。不要用细密的渔网到大池中捕鱼，那么鱼类便吃不完了。依照合适的时间到山林砍伐树木，木材也会用不尽。粮食和鱼类吃不完，木材用不尽，这样便会使百姓对生养死葬没有什么不满。一切为着使百姓的生活安定而努力，这样去统一天下，就没有人能够阻挡。君主诸侯的宝贝只有三样：土地、人民和政事。相反，那种以珍珠美玉为宝贝的人，人民也不会拥护。如果"你的厨房里有皮薄膘肥的肉，你的马栏里有健壮的骏马，可是老百姓面带饥色，野外躺着饿死的尸体"，那么这等于是在上位的人率领着禽兽来吃人，国家将不会长治久安，祸害就一定会到他身上来。

隋炀帝杨广是隋文帝杨坚的次子。581年封晋王，588年担任行军元帅统兵灭陈，升为太尉。他平时伪装仁孝俭朴，博得文帝的欢心。600年被立为太子，604年即位为帝。杨广即位以后，倚仗国力富强，好大喜功，骄奢淫逸，大兴土木，使得社会生产受到严重破坏，终于激起义兵反抗。为了躲避全国范围的烽火，杨广第三次巡游江都，并且把劝阻南下的人都杀掉。到了江都，他仍然整日花天酒地，还让地方官到民间挑选美女。平民起义军虽然没有能砍下他的脑袋，但是他还是在为自己自掘坟墓。杨广身边的一批禁卫军兵士，多数是关中人。他们眼看着杨广已经没有了生路，想要开小差回家，将军宇文化及利用兵士想要回家的心理发动了兵变。宇文化及带领兵士攻进行宫，捉住了杨广。杨广问："我犯了什么罪？"官员们于是回答道："你发动战争，穷奢极欲；相信奸邪，拒绝忠告；使男子死于战场，妇女儿童走上了绝路，百姓流离失所，你还能说你没有罪过吗？"杨广说道："我确实对不起百姓，但是你们这些人跟着我享尽荣华，我没有对不起你们啊？今天你们这样又是为了什么？"官员们说："全国人都恨透了你这昏君，我们是为了天下的百姓有个明君。"自知走投无路的杨广只好自缢而亡。

真正的明君忠臣，一定是为了民受其惠。荀子说："君者舟也，庶人者水也；水则载舟，水则覆舟。""古之为政，爱人为大"，诚知此理，则任何社会皆可长治久安；苛政虐民，视民为仇，则一切权力财富足以招怨，政权无不垮之。在强凌弱、众暴寡、智诈愚、富虐贫时需要执政者主持公正，以政纠不正，则悦民；人民食力不食官，最讨厌不劳而获者骑在自己头上指手画脚。所以治国必须以从简从宽为方针，减至最低限度，切忌政烦刑严。富民自需节政用、轻赋税；要领导民众，先须取信于民。千古以来人君权臣最易犯而难改的恶疾，就是视民如草芥，以为有权就可以随意奴使蹂躏，根本不把民当人看待。种瓜得瓜，种豆得豆，民视君亦如是："抚我则君，虐我则仇。天矜（同情）于民，民之所欲，天必从之。"

　　五千年中国政权兴亡史的最好总结，政公财裕则民安国泰，君不明臣不清民不富，贪贿泛滥，贫富悬绝，倾斜而覆。相反，民无贫则国自富，人心安则权可固；国家安危，根本上在德民抑或祸民。所以荀子说："君者舟也，庶人者水也；水则载舟，水则覆舟。"这一警世格言应引起我们的警醒啊！

居视其所亲，富视其所与

居视其所亲①，富视其所与②，达视其所举③，
穷视其所不为④，贫视其所不取，五者足以定之矣。

——司马迁：《史记·魏世家》

注
①亲：亲近。
②与：给予。
③举：举荐。
④为：做。

●●●释义●●●

　　看人，平时看他所亲近的，富贵时看他所交往的，显赫时看他所推荐的，穷困时看他所不做的，贫贱时看他所不取的。这五条就足够了。

　　古之明君先贤不但选贤用能，而且对选贤用能的标准很有研究。"居视其所亲，富视其所与，达视其所举，穷视其所不为，贫视其所不取"，这是战国时魏文侯与李克对话中的一段。魏文侯对李克说："'家贫思良妻，国乱思良相'，现在魏国需要在魏成和翟璜二人中选一为相，请问谁更合适。"李克表示自己地位卑疏，不敢说。在魏文侯的要求下，李克才说了这一番阐述择相标准的话。魏文侯据以确定谁为相。这五条不仅是择相标准，也是衡量一个人贤与否的标准。

第一，居视其所亲。看一个人平常都与谁在一起：如与贤人亲，则可重用；若与小人为伍，就要当心。第二，富视其所与。看一个人如何支配自己的财富：如只满足自己的私欲，贪图享乐，则不能重用；如接济穷人，或培植有为之士，则可重用。第三，达视其所举。一个人处于显赫之时，就要看他如何选拔部属：若任人唯贤，则是良士真人；反之，则不可重用。第四，穷视其所不为。当一个人处于困境时，就要看其操守如何：若不做苟且之事，不出卖良心，则可重用；反之，则不可用。第五，贫视其所不取。人在贫困潦倒之际也不取不义之财，则可重用；反之，不可重用。在这方面，宋太祖赵匡胤的用人之道或许能为此选贤与能的方法作出一些注解。

宋太祖赵匡胤平定天下，当了皇帝以后，有一个年轻时的同学赵普，性格深沉而严肃刚正，能把天下大事作为自己的责任，后来当了他的宰相。宋太祖喜欢晚上穿了便衣到大臣的家中走走，因为以前与赵普的家人都认识，所以尤其喜欢到他家中。

有一个冬天下大雪的晚上，赵普夫妻俩以为这样冷的天气，大概皇帝不会来，不料后来有人敲门，皇帝还是来了。这一下可把赵普夫妇吓坏了，因为当天下午进贡送来一批东西，他还没有向上报，赶快跪下来接驾，奏明原因。宋太祖安慰他说没有关系，公事明天早上再说。他仍在客厅转来转去。突然看见贡品中有一个大瓶子，上面写好送赵普的，宋太祖大感稀奇，打开来看看，连赵普在内谁也没料到里面都是黄金。赵普夫妇吓坏了，立刻又跪下来奏明实在还没有仔细看过，并不知道是黄金。宋太祖并没有发火，而是选择相信了赵普。宋太祖对赵普之所以用而不疑，是因为他看中的是赵普的儒家道德修养。

还有另外一个人曹彬，原来与赵匡胤是同僚，也是好朋友，他是五代时周朝的外戚。赵匡胤常常约他去喝酒，他却坚持不肯，始终中立不倚，守住岗位。后来赵匡胤当了皇帝，认为他人品好，和重用赵普一样重用他。有人在赵匡胤面前打曹彬的小报告都打不进去。这也是赵匡胤选贤任能、知人于微、德才兼顾的高明之处。

司马光在《资治通鉴》中曾论述德与才的关系，他提出："才者，德之资也；德者，才之帅也。"德与才相较，德是第一位的，并以德、才为据，把人分为"圣人""君子""小人""愚人"四类。他认为无才无德

相关链接：疾风知劲草，板荡识忠臣。——李世民：《赐萧瑀》

的"愚人",胜于有才无德的"小人",因为"小人"智高能作恶,为害更大,自古以来的"国之乱臣,家之败子",都是"才有余而德不足"的人。所以选拔人才要德才并重, 不可"蔽于才而遗于德",而且应该把德放在首位。

"居视其所亲,富视其所与,达视其所举,穷视其所不为,贫视其所不取",把"德"放在首位考察人、用人,即使在今天仍有现实意义。

名家美文话格言

相关链接:人有礼则安、无礼则危。——《礼记》

义，人路也

仁，人心也；义，人路①也。
——《孟子·告子上》

●●● 释义 ●●●

仁是人心的本质，义是人所必由的大道。

做人要"好义"乃中华民族传统。我国的圣人贤哲对"义"做出了许多精辟的论述。孔子在评价何者为勇时说："见义不为，无勇也。"即见义不勇为不能算真正的勇敢。孔子在阐述什么是富贵时又说："饭疏食饮水，曲肱而枕之，乐亦在其中矣。不义而富且贵，于我如浮云。"这句话的意思是说吃粗粮喝白水，弯着胳膊当枕头，这样的生活中也有乐趣。用不正当的手段得来的富贵，在我眼里如同天上的浮云一样。孔子在谈到如何理政时则说："上好义，则民莫敢不服。"即从政者只要推崇义，老百姓就不敢不服从。

孟子也对"义"做出过许多阐述，他说："仁，人心也；义，人路也。"即"仁"决定着人心取向，"义"影响着人生历程。他还有一个经典

107

的论述："鱼我所欲也，熊掌亦我所欲也，二者不可得兼，舍鱼而取熊掌者也。生亦我所欲也，义亦我所欲也，二者不可得兼，舍生而取义者也。"他提出的"舍生取义"的思想对后人产生了深刻的影响。在我国的历史上，许多仁人志士为我们留下了许多值得学习的见义勇为、舍生取义、重义轻利的感人故事。尤其是中华民族进入近代历史以来，之所以屡遭入侵而不亡，历经磨难而不衰，与众多的仁人志士为了国家和民族而前赴后继、视死如归、舍生取义是分不开的。

说到崇尚道义，不能不说到三国时的"汉寿亭侯"关羽。在中国，孔子被封为"文圣"，关羽被奉为"武圣"。供奉文圣孔子的文宣王庙有很多，过去在各个城邑都有这类建筑，而供奉武圣关羽的关公庙的数量则远远超过了文宣王庙。关公成了许多中国人心目中的神，其地位非常之高。

那么，关公为什么会在中国人的心中有这么高的地位呢？这显然是值得我们认真探寻和思考的。最主要的原因，应该是与关公好义、重义的品德分不开的，也正是这个"义"字引起了中国人的共鸣和对关公的崇拜。

关羽与刘备、张飞当年在桃园三结义，许下了同生共死的誓言，并且他们都努力实践着许下的誓言。《三国演义》中就花了很大的篇幅来介绍关羽重义轻利的义举。

例如，当关羽与刘备、张飞在曹操的追剿下被冲散，为了保护刘备的夫人，关羽在曹操部将张辽的游说下，与曹操约法三章之后依附了曹操。曹操为了收买关羽的人心，用尽请客送礼等各种办法，还相继给关羽送来美人、黄金、战袍、赤兔马，又利用手中的权力封了关羽一个"汉寿亭侯"。尽管这些物质利益很诱惑人，但始终未能改变关羽对刘备的忠义。当关羽打听到刘备的下落之后，毅然封金挂印，过五关斩六将，克服了重重困难险阻，终于兄弟相聚。这段故事在我国广为流传，令人肃然起敬、为之动容。

另外，关羽还不愧为一位知情重义、知恩图报的君子。当年身在曹营时，他帮助曹操斩杀了颜良和文丑这两员敌军大将，而且当曹操在赤壁之战中大败之后，关羽奉军师诸葛亮之命把守曹操败退的必经之路华容道。

面对落荒而逃、狼狈不堪的曹操，关羽念起当年曹操对自己的恩情，冒着违令杀头的危险，放了曹操一马，由此足见关羽又是一位有情有义的英雄。

孟子说："仁，人心也；义，人路也。"是说仁是一个人安身立命之所在，义则是通向这个所在的必由之路。这一警世格言告诉我们：要做好人，必须要具备"义"。

尚德

相关链接：修身处世，一诚之外更余事。——朱之瑜

用国者，义立而王

用国①者，义②立而王，信③立而霸，权谋立而亡。

——《荀子·王霸》

> **注**
> ①用国：治理、管理国家。
> ②义：仁义、礼义。
> ③信：诚信、信誉。

●●● 释义 ●●●

　　管理国家的人，如果靠仁义立国的话则可以称王，如果靠诚信立国的话则可以成霸，如果靠权谋立国的话就会灭亡。

　　仁义是万事的法度和准则，也是治乱、安危、胜败的关键。选择仁义、信誉，还是选择阴谋权术？这是每一个"用国者"必须思考的重大问题，他在作出选择的同时，也就决定了自己或王、或霸、或国灭家亡的命运。

　　从前，秦穆公驾车出去而车子坏了，右边的马丢失，被野人捕获了。穆公亲自去寻找，看见野人在岐山之南刚好要吃这匹马。穆公叹息说："如果吃骏马的肉而不能马上饮酒，恐怕会伤害你们的身体啊！"于是让人拿些酒过去，并让他们都饮酒了之后才离开。过了一年，穆公与晋国在韩原开战。晋国已经将穆公的车子围了起来，穆公车驾左边的马已经被敌人捉住了，晋惠公的车夫路石奋力用兵器投中了穆公的甲胄，已经打中了六片甲叶。就在这个时候，那些曾经吃过马肉的野人有三百多人，看到穆公遇困，都竭尽全力为穆公奋战，结果是大败晋国，捉住了晋惠公。秦穆公马被杀并送酒的故事告诉我们实行德政、崇尚仁义的人一定可以称王，成为贤明的君主。

然而一个贤明的君主，只有信答天下，才可获得天下之心。

在这方面，战国时期庄公和共叔段的故事或许会给我们一些启发。从前，郑武公有两个孩子：庄公和共叔段兄弟二人。他们的母亲姜氏偏爱共叔段而不喜欢庄公，所以等到郑武公立庄公为太子之后，就一直想方设法地向武公请求废了太子，但武公并没有答应姜氏的请求。等到庄公即位做

了国君，姜氏又开始了新一轮的夺位行动。首先，她要求庄公把制邑封给共叔段，但是庄公以这个邑地险要为由而把京城封给了共叔段。尽管按照法度把京城封给共叔段是不符合规定的，但庄公为避免祸起萧墙而是选择以仁对待。不久，共叔段又命令西部和边境地区从属于自己和庄公两个人。有大臣了解共叔段的野心和权术后劝庄公早做安排，但是庄公坦然地说："不必如此，他会自己走上绝路的。"后来，共叔段修治城郭，集结兵力，整治装备武器，征调士卒和战车准备偷袭郑都。姜氏也做好了在城内接应的准备，但是，庄公的仁义和共叔段的处心积虑刚好相反，民心是自有衡量的，所以京城封地的人们纷纷背叛了共叔段而投向庄公。共叔段只好逃亡到其他地方，没过多久，连他躲藏的封地里的人们都投奔庄公。从这则故事我们可以看出：共叔段用尽了手段和权术，却没有想过用自己的仁义、信誉使人真正归服，结果是他最终落得众叛亲离的下场。

治国之道，务在举贤

夫治国犹^①于治身，治身之道，务在养神，治国之道，务^②在举贤。

——诸葛亮：《便宜十六策·举措第七》

注
① 犹：犹如。
② 务：务必。

······ 释义 ······

治理一个国家就好像调养一个人的身体一样，调养身体关键在于养蓄精神，治理国家重在举用贤能。

早在西周时期，太师姜尚就提出了"治国安家，得人也。亡国破家，失人也"的思想。管子从历史经验中认识到，圣王之治，"非得人者，未之尝闻"；暴王之败，"非失人者，未之尝闻"；"人，不可不务也，此天下之极也"。诸葛亮特别强调"举贤"对于治国的重要性。他曾总结两汉兴衰治乱、用人得失的历史教训，"亲贤臣，远小人，此先汉之所以兴隆也；亲小人，远贤臣，此后汉之所以倾颓也"，并据此提出了"治国之道，务在举贤"的方针。

古语云："图治以人才为本，人臣以荐贤为要。"意思是谋求天下大治必须把人才作为根本；作为臣子，要把举贤作为最重要的事情。只有推荐德才兼备的人出来建功立业，才能使国家兴旺发达。中国数千年的历史也表明，事业的成败往往取决于人才的多寡。楚汉相争时期，项羽起兵既早，势力又强，天下真是非项氏莫属，可惜有一范增而不能用，终致败亡；刘邦虽起兵晚，势力弱，帐下却良臣猛将云集，如韩信、萧何、张良等都是当世人杰。有这些杰出的人才作基础，怎么能不成功呢？

诸葛亮在《便宜十六策·举措第七》一篇中提出"治国犹于治身"的思想，并由此提出了"治国之道，务在举贤"的命题，说得是相当精辟的。诸葛亮在治理蜀国时特别重视选拔德才兼备之士，推荐董允为侍中，负责宫中之事。刘禅常欲增加后宫嫔妃，董允认为古时天子后妃之数不超过十二人，今已足数，不应增加。刘禅宠爱宦官黄皓，皓为人奸佞，想干预政事，允上则正色匡主，下则数责黄皓，允在时，黄皓不敢胡为。蒋琬、费祎、姜维都是诸葛亮精心选拔为他理政、治军的接班人。蒋琬入蜀初期任干都县长，刘备下去巡视，适见蒋琬饮醉，不理事，大怒，要杀他。诸葛亮深知其人，为之说情："蒋琬，社稷之器，百里之才也。其为政以安民为本，不以修饰为先，愿主公重加察之。"刘备敬重诸葛亮，听其言，才不加罪。后诸葛亮提拔琬为丞相府长史，诸葛亮每次出征，琬都足食足兵以相供给。诸葛亮常赞琬为人"忠雅"，可与他辅佐蜀汉王业。临死前，诸葛亮密表刘禅："臣若不幸，后事宜以付琬。"诸葛亮死后，蒋琬执政，其人大公无私，胸怀广阔，能团结人，明知时势，做到国治民安。蒋琬病，荐费祎代之，费祎善理事，知军事，他在任时边境无虞，魏人不敢正窥西蜀。姜维继诸葛亮复兴汉室之志，屡次北伐，虽无大胜，但魏兵也不能侵入。及司马昭派大军伐蜀，刘禅昏庸不听姜维派兵扼守阴平之议，邓艾得以偷渡而直捣成都，刘禅出降，并令姜维降，姜维想假降待机杀钟会以复兴蜀汉，其夙愿虽未实现，足见其人忠烈。

刘备死后，有诸葛亮及其后继者蒋琬、姜维等辅佐，刘禅这昏庸之主才得安坐帝位达 41 年之久。而曹操死后，其子曹丕篡汉，魏立国虽有 45 年，但在司马懿发动政变夺取曹爽的军权后，魏政权实已归司马氏，名存实亡，魏政权存在实际只有 28 年。孙权死后，孙亮立为吴帝，内部不和，国势日弱遂被晋灭，孙权后人掌权也只有 27 年。三国相比，蜀汉政权较稳固，无内部互相倾轧、争权夺利之事，这是因有德才兼备的贤臣辅佐之故，也验证了诸葛亮"治国之道、务在举贤"的先见之明。

　　诸葛亮所提出的"治国之道，务在举贤"，实质上就是要打破门户之见，广开纳贤渠道，只有用德才兼备的人来建功立业，才能使国家兴旺发达。直到今天这句名言仍闪耀着智慧的光芒。

尚德

相关链接：修身以为弓，矫思以为矢，去义以为的。——杨雄

待人之德

道德修养，是君子立身处世的根本与前提，与人为善永远是人与人之间和谐交往的宝贵法典。所以要尽可能给予他人帮助。

名家美文话格言

相关链接：劳苦之事则争先，饶乐之事则能让。——《荀子·修身》

君子成人之美，不成人之恶

子曰："君子①成②人之美③，不成人之恶④。"

——《论语·颜渊》

> **注**
> ①君子：人格高尚的人。
> ②成：成全、促成。
> ③美：好事。
> ④恶：坏事。

●●● 释义 ●●●

孔子说："品德高尚的人成全别人的好事，不促成别人的坏事。

　　成人之美，积善成德，便成为品德高尚、受人尊敬的君子；成人之恶，积怨日多，便成为人格卑劣、遭人唾骂的小人。社会是一个大集体，身处其中，我们每个人都要学会彼此互相帮助、团结合作，只有这样社会才能和谐进步，所以要记得多助人为乐，多帮助别人以成其好事，并且要制止别人做坏事。这是一种高尚的得人心、受欢迎的君子行为。伸出你的热情之手，其实你也在为自己的和谐人生铺出一条坦途。

　　范仲淹是我国宋代著名的文学家，他在做学官期间经常以自己的薪俸资助那些穷苦的读书人。曾有个孙秀才，特意来请求他接见，范仲淹见过之后很关心这个才气过人的年轻人，于是送给他十千铜钱。第二年，这位孙秀才又来了，范仲淹又赠给他十千铜钱。范仲淹问他："你这样辛苦地来回跑路，究竟是为了什么？"孙秀才非常悲伤地说："因为我没有办法养活我年老的母亲，所以只好这样来回奔波向您求得一点帮助。如果我能有每天一百铜钱的收入，就足够维持我和母亲的生活了，我也就能空出些时间来读书求学了。"范仲淹听了他的话，说："我看你不是一个专门向人乞讨度日的人，这样辛苦奔波能得到多少资助呢？我替你补一个学职吧，每月有三千的薪俸可供衣食之需，这样安排之后，你应该可以安心在学业上下工夫了，是吧？"很是感激的孙秀才一再向范仲淹拜谢。于是，在范仲淹的安排之下，孙秀才开始研习《春秋》，知道机会来之不易的孙秀才学习非常刻苦，日夜抓紧时间读书修业，并且行为谨慎，严于约束自己的举止，因此很得范仲淹的赏识。一年之后，因职务调动，范仲淹离开了那里，而孙秀才也结束自己的学业回家了。十年之后，范仲淹听说在泰山脚下有位天下闻名的先生教授《春秋》，学问和修养均受到人们的赞誉，而朝廷也慕名把这位先生请到太学来当老师，于是前往拜访，才发现原来这位先生就是多年前家境贫寒曾经和他一起研习学问的孙秀才，心中很是欣慰。

一个人的品行厚与薄，是可以从他平时对人的态度中看出的。俗话说"不看人待己，只看人待人。"所以，对一个人品行是厚是薄的认识，并不一定要自己亲自领教，在一起待久了，细察默识，只看他对待别人的态度，就可以大致了解。有些人，很难听到他称道别人的优点，说别人的好话，更难见其帮助人、提携人，甚至是举手之劳的事情，要他帮助一下都极困难，因为他怕好了别人。这种人恨不能对所有的人都不以为然，都不放在眼里，天下只有自己和自己的事情重要，这样的人，就是为人刻薄。不管他有多么大的成就，爬上多高的地位，在孔子看来，都是小人。

相反，有些人，善于发现也乐于称道别人的优点、长处，对年少、对后进，乐于提携举荐，看到别人的成就真心为之喜欢，看到别人的过失，也诚恳地为之难过、惋惜，能推己及人，能分享别人的喜怒哀乐，也能促进人进步，这是孔子所说的"成人之美"之人，不管他是发达还是落魄，在孔子看来都是君子。

所以说"君子成人之美，不成人之恶"理应成为我们的座右铭。因为与人为善永远是人与人之间和谐交往的宝贵法典，所以要尽可能向他人提

119

供方便，尽量给予他人帮助，这才是一个人道德水准较高的表现。我们应像范仲淹一样，心怀一丝仁心，处处以善为本，长存诚挚爱心。那样，这个世界会少很多忧伤和遗憾。

名家美文话格言

相关链接：修身以敬，勿托以尊。——晋书

不患人之不己知，患不知人也

子曰："不患①人②之不己知③，患不知人也。"

——《论语·学而》

> 注 ①患：担心、忧虑。
> ②人：指有教养、有知识的人。
> ③不己知："不知己"的倒装，指不了解自己。

●●●● 释义 ●●●●

孔子说："不怕别人不了解自己，只担心自己不了解别人。"

所谓"仁者见仁，智者见智"，对于这段话，古往今来不同的学者文人有着不同的理解。有一种观点将"人之不己知"解释为别人不了解自己。所以这段话的含义是：不因别人不了解自己而忧虑，却应当担心自己不了解别人，应当担心自己本身的能力。君子忧虑自己本身的能力不足，而不担心别人不了解自己。别人不了解我，我还是我，于我自己并没有什么损失。所以，"人不知而不愠"，不值得忧虑，更没有必要怨天尤人。相反，"画虎画皮难画骨，知人知面不知心。"我不了解别人，则不知道别人的是非邪正，不能亲近好人，远离坏人，这倒是值得忧虑的。当然，说是这么

相关链接：君子不患位之不尊，而患德之不崇；不耻禄之不夥，而耻智之不博。——张衡：《应间》

说，要真正做到却是不容易。所以，孔子不仅在《论语》第一章里就告诉我们说："人不知而不愠，不亦君子乎？"又在末尾的一章里再次语重心长地说："不患人之不知，患不知人也。"全篇恰好首尾照应地强调了这样的哲理。

我们来看后一种观点吧。"人之不己知"可以解释为一个人不了解自己。人看不到自己身上的长处不可怕，可怕的是看不到自己身上的短处甚至把短处当作长处来自我欣赏。西方哲学之父泰勒斯曾在德尔菲神庙留下一句箴言："认识你自己"，老子也说："自知者明"，认识自己是最难的。认识自己的难处不但在于人一般不能看到自己的短处，更在于不善于正确看待自己的短处。

其一，正确认识到自己有缺点和缺陷。敢于承认自己有缺点，把自己的缺点毫不掩饰地袒露在人们面前，以期望大家不断监督自己，这样光明正大坦荡荡的态度是很多人难以做到的。但是，俗语说得好：知症结所在方可医治。所以，如果一个人真能够态度诚恳地认识到自己的短处，则一定是个能随时听取别人意见从善如流的贤者，也就可以促使自己在不断改正和塑造的过程中成长起来，并且赢得人们的信赖和尊重，迎来自己的成功。

18 世纪法国伟大的思想家、文学家卢梭，在他年少时，曾经犯过一个错误：他将自己的极不光彩的盗窃行为转嫁到一个女仆的身上，致使这位无辜的少女蒙冤受屈，并被人解雇。后来这件"卑鄙龌龊"的行为，使他深深地陷入痛苦的回忆中。他说："在我苦恼得睡不着的时候，便看到这个可怜的姑娘前来谴责我的罪行，好像这个罪行是昨天才犯的。"后来，卢梭在他的著作《忏悔录》中，对自己作了严肃而深刻的批判。他敢于把这件难以启齿且抱恨终生的丑事告诉世人，也显示他勇于忏悔的坦荡胸怀和不同凡响的伟大人格。"金无足赤，人无完人"，知道自己的缺点并且时刻记得改正，是对自己的人格交代，也是对社会的一种贡献。

其二，要善于取长补短。我们在平时的生活学习中，不能把消除自己的缺点和缺陷为主业，而应把主要精力放在充分利用自己的长处上，甚至能化短处为长处地去创造价值。正如法国一位作家所说："在自己身上找不到满足的人，在别的地方也找不到满足。"这可算是对"不患人之不已知"的一种深刻理解吧。

　　自知之难，知人就更难了。人往往碍于自身而不能善于发现他人所长，而知人其实也就是知己，发现了他人所长，其实也往往就发现了自己所短。对别人的正确认识往往也有益于对自己的正确认识。对别人的认识与看法，其实是自己素质与心态的一面镜子，而只有正确地对待自己，才能正确地对待别人。

　　一个人既能知己又能知人，幸运之神怎能不偏爱他（她）呢？

己所不欲，勿施于人

名家美文话格言

子贡问曰："有一言而可以终身行之者乎？"
子曰："其恕①乎。己所不欲，勿施②于人。"

——《论语·颜渊》

注　①恕：原谅，谅解。
　　②施：加。

●●● 释义 ●●●

　　孔子的弟子子贡问道："有没有这样一句话，它是我们终身都应该遵守执行的？"孔子说："这就是宽恕。自己不愿意承受的事情，也不要强加给别人。"

　　"己所不欲，勿施于人"是指，自己不想要的东西，切勿强加给别人。孔子所强调的是，人应该宽恕待人，应提倡"恕"道，唯有如此才是仁的表现。"恕"是会意字，如心，就是如己的意思。这句话所揭示的是处理人际关系的重要原则。孔子所言是指人应当以对待自身的行为为参照物来对待他人，人应该有宽广的胸怀，待人处事之时切勿心胸狭窄，而应宽宏大量，宽恕待人。

　　历史上有很多推己及人的先贤，大禹治水的故事就是"己所不欲，勿施于人""己立立人"和"己达达人"的崇高典范。

　　大禹接受治水的任务时，刚刚和涂山氏的一个姑娘结婚。当他想到有人被水淹死时，心里就像自己的亲人被淹死一样痛苦、不安，于是他告别了妻子，率领数万治水群众，夜以继日地进行疏导洪水的工作。在治水过程中，他到处奔波，多次经过自己的家门，都没有进去。后来，禹的妻子涂山氏生下了儿子启。有一次，婴儿正在哇哇地哭，禹在门外经过，听见哭声，也狠下心没进去探望。大禹三过家门而不入。经过十三年的奋战，疏通了九条大河，使洪水流入大海，消除了水患，完成了流芳千古的伟大业绩。

到了战国时候，有个叫白圭的人，跟孟子谈起这件事，他夸口说："如果让我来治水，一定能比禹做得更好，只要我把河道疏通，让洪水流到邻近的国家去就行了，那不是省事得多吗？"孟子很不客气地对他说："你错了！你把邻国作为聚水的地方，结果将使洪水倒流回来，造成更大的灾害。有仁德的人，是不会这样做的。"这也是成语"以邻为壑"的由来。

从大禹治水和白圭谈治水这两个故事来看，白圭只为自己着想，不为别人着想，这种"己所不欲，要施于人"的错误思想，是难免要害人害己的。大禹治水把洪水引入大海，虽然费工费力，但这样做既消除了本国人民的灾害，又消除了邻国人民的灾害。这种推己及人的精神，是值得我们钦佩和效法的。

尚德

相关链接：我不欲人之加诸我也，吾亦欲无加诸人。——《论语·公冶长》

"己所不欲，勿施于人"是儒家思想的精华，也是中华民族根深蒂固的信条。中国有句俗语："人和万事兴。"推己及人的嘉言懿行，正是实现"人和"的润滑剂。愿我们所有的炎黄子孙，都能时时处处推己及人，使五千年灿烂文明之花，开得更加艳丽芳香。

125

名家美文话格言

相关链接：人谁无过，过而能改，善莫大焉。——《左传·宣公二年》

成事不说，遂事不谏，既往不咎

子曰："成事①不说②，遂事③不谏④，既往不咎⑤。"

——《论语·八佾》

> **注**
> ①成事：已经做过的事情。
> ②说：提起、讲起。
> ③遂事：已经完成的事情。
> ④谏：劝阻。
> ⑤咎：责备。

●●●● 释义 ●●●●

孔子说："已经过去的事情就不要再提起了，已经完成的事情就不用再去劝阻了，已经成为过去的事情就不要再责备追究了。"

这句我们熟悉的话是来自于这样一个历史典故。

祭祀是种古老的礼仪形式。古人经常说："国之大事，在祀与戎。"祭祀和征战并列为国家最主要的两件大事。祭祀的种类繁多、名目纷杂，祭品种类也是举不胜举。在立国时，都要建立祭祀土地的庙，并选用适宜于生长的树木做土地神的牌位。周朝建立之后，由于庆阳是其基业的发祥地，于是庆阳建立了一座祭祀的庙宇，一年一小祭，三年一大祭，如果帝王不能亲自前来，则要派大臣前往祭奠。有一年，鲁哀公问宰我："祭祀土地的神主应该用什么木啊？"宰我回答道："夏朝人用松树，商朝人用的是柏树，周朝人则是用的栗子树。而用栗子树的目的是要让百姓害怕得战栗发抖啊！"

孔子听说了这件事以为宰我是在讽刺周朝的天子，于是就很不高兴地批评了宰我，说道："已经过去的事情就不要再提起了，已经完成的事情就不用再去劝阻了，已经成为过去的事情就不要再责备追究了。"

这也显示出了孔子对待别人错误的一种态度。宽容为主，既往不咎，因为不管是错还是对，都已经成为不可改变的过去时，你怎么说怎么谴责甚至谩骂都已经无济于事。如果是小小的错误，我们可以当作没有发生过一样；如果是很大的错误，那么应该及早看清状况解决问题，而不是坐在那里怨天尤人、耿耿于怀。那些犯错的人，比你更承受心灵的煎熬和忐忑不安。所以，最好还是以大度的胸怀坦然面对，这样你的收获一定会比你所想象的还要多。

《宋名臣言行录》记载了宰相吕蒙正的一则故事。吕蒙正中进士后没有几年就当上了参知政事，在当时已经是相当于副宰相的职位。有一天早晨上朝，听到有人隔着帘子在指责他资历太浅不能居参政之职位，吕蒙正假装没有听见。随行的同僚要为他追究说此话的人，吕蒙正却回答道："如果我知道那个人的姓名，我还会耿耿于怀，这又有什么好处呢？再说了，我不追究此事，对我也没有什么损失啊！"因为有着如此的大度，吕蒙正辅佐太宗巩固了宋朝初期的统治，成为一代名臣。

新朝更始元年（23年）十月，刘秀奉更始帝刘玄的命令，以破虏将军兼大司马的名义出使河北。当年年底，邯郸豪强和西汉宗室拥立王郎为帝。王郎的势力发展得极为迅速，邯郸以北、辽东以西都成为他的势力范围。刘秀和谢躬合兵攻打王郎。王郎据守邯郸，刘秀连续攻打二十多天，城内无法抵抗，王郎的亲信李立索性打开城门迎接汉兵，王郎连夜逃出邯郸，半路上被人杀死。刘秀入城之后清点前朝公文，收缴了大批王郎的文书、信函，发现其中有自己将领偷偷与王郎联络乃至辱骂自己的信件。对于这些文书、信件，刘秀不予理会，连看都不看，当着部下的面将其全部烧掉，表示自己的宽宏大度，决不再追究查问。这种"既往不咎"的态度，使得刚刚消灭劲敌的刘秀很快树立起宽宏大度的形象，巩固了他在河北的势力。

相关链接：正心以为本，修身以为基。——司马光

人生在世，谁都可能遇到君子，当然也就有可能遇到小人。我们在对自己的过失严加戒律的同时，对于他人的小过失，应该予以足够的宽容，切不可一味加以谴责，于己无益却又伤人自尊，更会严重到影响彼此的和气。西方有句格言：将帮助过你的人记在心上，将别人的过错记在沙子之上。于是，对于在自己困顿难熬的时候还伸出双手帮自己一把、带自己一程的人，一定要铭记在心，要懂得感谢。而对于那些曾经让你伤痕累累的人，那些曾经在你最困难的时候又踢你一脚的人，把他们的名字写在沙子之上吧！当时间的风吹过，让他们的名字和那些让你曾经痛苦的往事一起，在岁月的风沙里，慢慢淡去。等到你踏上人生的巅峰的那一天，回首往事，你会以淡然甚至感谢的心态看待他们，因为他们的渺小映照出的正是你"既往不咎"的从容和大度。

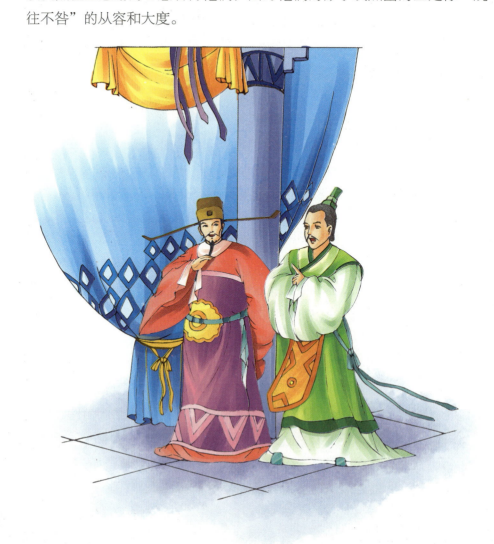

见善则迁，有过则改

见善则迁①，有过则改。

——《周易·益·象》

注　①迁：转变。

· · · · 释义 **· · · ·**

见到美好的人和事就努力学习，有了错误就马上改正。

"见善则迁，有过则改"的意思是见到美好的人和事就努力学习，有了错误就马上改正。

人不可能没有过错，重要的是能够及时改正。唐朝时，唐太宗下令修筑洛阳宫，大臣张玄素上书说："修筑宫室不是当务之急。隋朝营建宫室，劳民伤财。陛下役使百姓，承袭隋朝灭亡的弊端，祸乱恐怕比隋炀帝还要大。"唐太宗对这位大臣说："你说我不如隋炀帝，那么，与桀、纣相比怎么样？"张玄素说："如果不停止修建洛阳宫，恐怕也要和他们一样遭到变乱。"于是，唐太宗下令停止修建洛阳宫。唐太宗善于听取别人的意见，有错就改，这种品质正是他开辟大唐盛世的重要原因之一。

人，谁也保证不了一辈子不犯错误，也不一定只犯一次错误，难得的是不犯同样性质的错误。这完全是品德问题，也是儒学所谓的"进德修业"

问题。《战国策·赵策》里强调"前事之不忘，后事之师也"，都是提醒人们：对已犯过的错误要深刻总结，找出原因和教训，并引以为戒，不要重蹈错误的覆辙。

"见善则迁，有过则改"的前提是不隐过，不饰非，不讳疾忌医。"过者，人皆有之"，所以"未足为患，患在文饰"。文过饰非的人，"自以为无过，而过乃大矣"，古之君子"自以为有过，而过自寡矣"。事情非常清楚，不承认自己的错误，自然就不会有改正错误的想法，如此下去，还容易犯更大的错误；勇于承认自己的错误，并且闻过则喜，愿意改正自己的错误，这样就会少犯错误，成为高尚的有道德的人。

"见善则迁，有过则改"的关键是"无心过"。北宋思想家邵雍说："无口过易，无身过难；无身过易，无心过难。""心为万事主，动而无节则乱。"意思说：人的思想指挥人的行动，约束错误的思想就不会做出坏事来。"无心过"，就是要"慎独"，即个人在独处、无人监督的情况下，自觉地把道德规范化为约束自己的坚定信念，在人们看不见的地方也要敬畏谨慎，在人们听不到的地方也要警惕戒备。如果一个人能做到"入暗室而不欺"，过了"慎独"这一关，那么他的修养就进入了高度自觉境界，就成了一个道德高尚的人。

"见善则迁，有过则改"必须防微杜渐，防患于未然。"垂大名于万世者，必先行之于纤微之事。""夫水之微也，捧土可塞，及其盛也，漂木石没丘陵。火之微也，勺水可灭，及其盛也，盛都邑，燔山林。故治之于微则用力寡而功多；治之于盛，则用力多而功寡。"正因为如此，我国古代的思想家都主张"明者慎微，智者识几"，"天下难事，必作于易；天下大事，必作于细"。只有从小节小事做起，严格约束自己，不苟得，不妄取，"见义思利"，"闻义争为"，这样积之既久，守之有素，就能够在富贵贫贱、取予得失、生死穷达面前做出正确抉择。如果"不矜细行"（不注意小节方面的修养），那最终会酿成大毛病，造成终生的遗憾。

"见善则迁，有过则改"就是要"躬行践履"，做实事。言行不一，口是心非，只说不做，知行脱节，是许多人的通病，其实，"道德者，行也，而非言也"。道德认识对于养成道德品质固然重要，但如果只停留在认识上而不付诸行动，"善自善，我自我"，那么认识再高也毫无意义。人的道德品质是通过道德行为来表现，来评价的，听其言而观其行。《孟子》中有这样一个故事：有个人每天都偷邻居家一只鸡，有人正告他，这不是君子之道。偷鸡者却说，那我就少一些吧，"月攘（偷）一鸡，以待来年，然后已"。孟子说："如知其所义，斯速已矣，何待来年。"那些知道自己的过错而不改、屡屡犯错的人其实和孟子说的偷鸡人没什么两样，都是没有痛下决心尽快改正自己的过错，而是对自己采取了宽宥的态度。

　　知过、改过，时时注意修正自己，完善自己，应当成为我们每个人一生孜孜不倦追求的完美境界。

相关链接：修身以不护短为第一长进。——吕坤

相关链接：人得一知己，须对知己而无惭。——王永彬：《围炉夜话》

君子之交淡如水，小人之交甘若醴

君子之交淡如水，小人之交甘若醴①；君子淡以亲②，小人甘以绝③。

——《庄子·山木》

注
①醴：甜酒。
②亲：感情好。
③绝：断绝。

●●● 释义 ●●●

君子之间的情谊干净平淡得像清水一样，小人之间的感情却甜得像甜酒一样；君子虽淡泊却心地可亲善良，小人甘甜却利益一断情义就绝。

我们知道，人生不能没有朋友。但什么样的朋友才是我们的财富？才是我们人生路上或成功或失败、或平坦或崎岖时一路相陪的挚友？

传说孔子在历经磨难后曾经问过桑雽道："我两次在鲁国被驱逐，在宋国受到伐树的惊辱，在卫国被人铲除足迹，在商、周之地穷困潦倒，在陈国和蔡国间受到围困。我遭逢这么多的灾祸，亲朋故交越发疏远了，弟子友人更加离散了，这是为什么呢？"

桑雽于是以林回舍弃了价值千金的璧玉，背着婴儿就跑的例子为引证说："有人议论他是为了钱财，可是初生婴儿的价值太少太少了；也有人质疑他不怕拖累吗？初生婴儿的拖累太多太多了啊。舍弃价值千金的璧玉，却背着婴儿就跑，到底为了什么呢？"林回却坦然答曰："价值千金的璧玉跟他仅是以利益相合，而那个孩子跟他则是天性相连。以利益相合的，遇上困厄、灾祸、忧患与伤害就会相互抛弃；以天性相连的，遇上困厄、灾祸、忧患与伤害就会相互包容。相互收容与相互抛弃差别也就太远了。君子的交谊淡得像清水一样，小人的交情甜得像甜酒一样；君子淡泊却心地善良可亲，小人甘甜却利断义绝。大凡无缘无故而接近相合的，那么也会无缘无故地离散。"孔子听后豁然开朗。

"君子之交"的交友之道，指既要讲究和睦，但还是要相互保持一定距离，讲究原则。所谓"君子和而不同，小人同而不和"，真正的朋友是允许有不同意见的，遇到问题大家开诚布公地商谈，坦然相对，只要坚持真理，不偏不倚，不一味固执于自己的私念，友情才经得起时间的考验，才能真正解决问题相互促进；小人之交可能亲密得像是甘甜的酒，表面上一团和气，可是内心其实各怀心事。当你遇到不幸或者悲伤需要有个朋友的时候，这样的人却早早急着与你断绝关系了。

战国时的一代名将廉颇曾经位高权重，在位时家中自然也就是门庭若市、来者不断了。可是，当廉颇被免官回乡后，门下的宾客都走光了。后来他又重新做官时，宾客又都回来了。廉颇生气地说："你们不是都走光了吗？"于是宾客们答道："当今天下结交朋友，如同做生意。您有权有势的时候，我们自然就跟着您；可是您无权无势，我们就离开，世道本来就是这样，您有什么好气愤的呢？"这就是典型的林回说的利益结合的市道之交啊！

可是如果遇到一位真正的朋友，人生又该是何种幸福啊！历史上最经典的交友佳话应该是春秋时期的管仲和鲍叔牙的友谊了。自小就是好朋友的两个人家境都很贫困，为了养家，两人开始合伙做生意。可是经商所得的利润鲍叔牙却总会多分一些给管仲，因为他觉得自己的情况要比管仲家好一些。后来，管仲当兵，好几次且战且跑，但鲍叔牙却从不责怪管仲是怯懦的人，因为他知道管仲还深深牵挂着家中的寡母需要扶养。好不容易当上小官的管仲因为得罪了国王又被无缘无故地赶走，这个时候，鲍叔牙还是一如既往地支持和帮助着管仲，丝毫没有因管仲的一再落魄而弃他而去。因为他深知管仲非常有才华，所以后来鲍叔牙辅佐的公子小白打败了管仲辅佐的公子纠时，鲍叔牙向公子小白极力推荐管仲，而齐桓公也还算是明君，不计较管仲的一箭之仇而重用了管仲，并拜管仲为相，管仲才得以在齐国大展其才，成为法家一派的先驱。管仲曾深深喟叹："生我者父母，知我者鲍子也。"这才是真正的淡如水的"君子之交"啊！

英国哲学家培根也曾说过："缺乏真正的朋友乃是最纯粹最可怜的孤独；没有友谊的人生不过是一片荒野。"所以，放下世俗的利益，让友谊这自然和清新的风吹拂、净化我们的心灵吧！

善人者，人亦善之

善①人者，人亦善之。
——《管子·霸才》

●●● 释义 ●●●

对别人友善多些爱心，别人也会对你友善。

　　管子认为：做人讲求一颗善良的心。一个人只有心怀慈善，他的思想和心志才能纯良，也就不会凡事斤斤计较于个人得失，也就更不会做出奸诈险恶的事情。爱别人的人，会受到别人的爱；尊敬别人的人，会受到别人的尊敬。所以虽然我们生存的世界潜藏着许多陷阱，但如果我们能保持一颗不受外界诱惑影响的善良之心，并且和邪恶进行对抗，我们的社会就会变得和谐而美好。王永彬在《围炉夜话》中也有着相似的说法，他说"做好事得到的是好报，做坏事得到的是恶报，由此不用等到来世，人间已经能见到天堂和地狱的分别"。所以"人同此心，心同此理"，当你献出自己的爱心、他人获得所需要的东西，你其实也因此而得到想要的东西；当你帮助的人越来越多，你收获的也就更多。当你付出一线春阳温暖那些在寒冬熬着的人们时，其实对于他们的意义早已胜过整个春色；当你只是为远

尚德

相关链接：人有恒言，皆曰天下国家。天下之本在国，国之本在家，家之本在身。——《孟子·离娄上》

道而来的客人送上一片枫叶，其实你给的是整个枫林的秋色。那么，我相信，你收获的友谊和精神满足早已胜过这些有形的物质了。

东汉的时候，山阳郡高平县有个叫张俭的人很有才能。山阳郡的太守翟超倾慕张俭的才名，就委任他为东部督邮，负责督察郡内属县的工作。当时朝廷中有个叫做侯览的宦官，老家在山阳郡。他的家人倚仗着侯览的权势在乡里横行霸道，残害百姓，当地的人民对他们是又恨又无可奈何。品行正直的张俭对侯览及其家人的胡作非为十分愤慨，为了当地的百姓能够生活安稳，挺身站出来向皇帝上奏，揭发侯览的恶行，请求皇帝仔细调查并将侯览判罪。可是，一手遮天的侯览利用手中的权力，拦截了张俭的奏章，并伺机报复张俭。没过多久，侯览就诬告张俭企图和本郡的另外 24 个人一起造反。朝廷接到奏章后，下令缉捕张俭，于是张俭开始踏上了逃亡之路。在这个时候，山阳郡的百姓知道张俭是个正义直言的人，是为了山阳县的平安才落到如此地步，十分敬重他的名声和德行，于是都冒着生命危险保护他。即使是素不相识的陌生人家，只要张俭前去投宿，人们就会毫不犹豫地让他躲避。有一次，张俭逃到东莱郡的李笃家，正巧遇到县令带着武士前来搜查。李笃劝县令说："张俭是为了山阳县才如此，他是当今天下的名士，也是被侯览陷害的，你要是发现他的踪迹，能忍心逮捕他吗？"县令深受感动，没有搜查李笃的家就离开了。后来，李笃把张俭送到边远的地方使他躲过朝廷的追捕。在张俭逃亡的过程中，甚至有几十个人因为收留他而遭到朝廷的杀害。张俭因其善行而得到了别人的善待。

人心自有一杆秤。你对人好，别人是不会忘记的；如果你真诚付出过，收回的也必定是一颗真诚的爱心。在犹太人中流传着这样一个故事。一个中年妇女中午在家门口遇到三个老人，她上前对老人们说："你们一定饿了吧？请进屋吃点东西吧。""我们不能一起进屋。"老人们回答道。中年妇女很是不解地问他们为什么。其中一位老人指着自己的同伴说："他叫成功，他叫财富，他叫善良。你现在进屋和家人商量一下，看看需要我们当中哪一位？"中年妇女进屋和家人商量后决定把善良老人请进屋。她出来对老人们说："善良老人，请你到我们家来做客吧！"善良老人于是起身向屋子走去，另外两位叫做成功和财富的老人也跟着进来了。中年妇女很是奇怪地说："你们怎么也进来了呢？"老人们回答道："哪里有善良，哪里才有成功和财富啊。"

　　由此，我们应该明白，只有当你选择以善良之心为人处世的时候，成功和财富才有可能在不远的前方等着你。当你选择只顾自己的一方小小天地，不愿付出的时候，你怎么能够奢望自己会收获美好、祥和的人生呢？宋代的法演禅师曾经留下四诫说："势不可使尽，使尽则祸必至；福不可受尽，受尽则缘必孤；话不可说尽，说尽则人必易；规矩不可行尽，行尽则人必繁。"

　　福乐只有大家共享的时候，你的人生才更有意义。善待别人，你一定会有意想不到的收获，所以，请多些善良之心吧！

相关链接：满招损，谦受益。——《尚书》

名家美文话格言

相关链接：义之中有利，而尚义之君子，初非计及于利也；利之中有害，而趋利之小人，并不愿其为害也。
——王永彬：《围炉夜话》

身劳而心安，为之；
利少而义多，为之

身劳而心安，为①之；利②少而义③多，为之。
——《荀子·修身》

> **注**
> ①为：做、行动。
> ②利：利益。
> ③义：合乎正义或公益的。

●●● 释义 ●●●

身体劳累但心安理得的事情，可以去做；利益少但合乎正义、公益的事情，可以去做。

利和义如何平衡？自古就是两难的话题。荀子说："好利恶害，君子小人之所同也。若其所以求之为道则异。"每个人都喜欢利益，不喜欢祸害，这是人之共性。但有人见利忘义，得利忘害，最后只能换来小人之名；有人趋义避利，取财有道，这样的人才能赢得人们的尊重和敬佩，对于利和义的取舍也就显现出君子和小人的不同之处了。

明朝的罗伦是江西省永丰县人。有一年，罗伦赴京会考贡士，走到半路，随从仆人在一户人家门前捡到一只金手镯。他们走了五天的路程以后，罗伦偶然忧虑路费不够，仆人才告诉他捡到金镯的事情。罗伦听了非常生气，马上要返回原地送还失主，仆人说："我们暂且先用着，将来有了钱再还。而且如果回去，一定会延误考期的啊！"罗伦说："这金镯必定是别人不小心丢掉的，说不定会因此受到责罚。我宁愿无法参加会试，也不能使人因此无辜受罚。"主仆二人风尘仆仆又返回原来的地方一问，金镯果然是那户人家的婢女打水时不小心遗失的，主人怀疑婢女私藏起来，因而加以鞭笞，婢女无缘无故被冤枉，当然深感委屈，几次想要自杀。正在这个时候罗伦赶到，送还金镯，保住了人命。罗伦在遇到有利可图的事情的时候，先考虑的是是否符合仁义，如果不义则不为，即使为此耗费时间精力也在所不惜，真正算是一位仁厚的君子。

尚德

相关链接：子曰："见利思义，见危授命，久要不忘平生之言，亦可以为成人矣。"
——《论语·宪问》

古代齐国有个人，走到金店前，突然伸手拿走了柜台上的一锭金子。被捕之后，他却说："我当时只看到金子，根本没有看到别的人。"东汉乐羊子，偶尔捡到一块金子，拿回来交给妻子，可是他妻子看后说道："听说有志气的人不饮盗泉之水，因为它名声不好；廉洁的人不受嗟来之食，因为不愿接受侮辱；可你却只是为了一块金子就要败坏自己的名誉吗？"乐羊子听了这些话感到非常惭愧，赶紧将金子又送回原来的地方。

钱财固然每个人都需要，每个人都希望拥有。但如果像这个齐国人一样眼睛里只剩金子，那么还有什么事情做不出来呢？人们要想改善自己的生活，就必须获得钱财，但同时要记得取财不可行不义之道。人人都羡慕吃饱穿暖的生活，但如果这样的生活不是你自己的双手辛勤劳动换回来的，你又怎么能体会到付出后的满足感？没有人想要自己的生活饥寒不堪，但如果让你屈辱地用自己的名声、自尊或是骨气去换回安逸的生活，你还愿意吗？

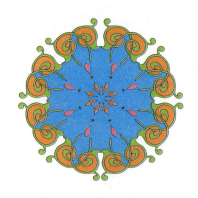

友也者，友其德也

友也者，友其德[1]也，不可以有挟[2]也。

——《孟子·万章下》

注
①德：品德。
②挟：倚仗。

●●●● 释义 ●●●●

所谓的交友，是认同他的品德而交朋友，是不可以有所倚仗的。

在人类文明史上，人们对友谊的基础曾有过多种多样的解答。在《周易·乾》中有"同声相应，同气相求"之说，把"声""气"的相同和交流看作友谊的基础。孟子则认为："友也者，友其德也，不可以有挟也。"（孟子·万章下》）他把高尚的品德看作友谊的基础。

有一次万章问孟子交朋友的原则是什么？孟子说，交朋友呀，不能倚仗自己年龄大，不能倚仗自己地位高，也不能倚仗自己兄弟富有势力，"友也者，友其德也，不可以有挟也"。他还举例说，孟献子是位有百辆车马的大夫，他有五位很好的朋友，彼此交往，心中都没有身份贵贱的念头，要是献子总以为自己高贵，朋友也以为献子高贵，那他们之间就不可能成为朋友了。

在这里，孟子不仅突出了交朋友的重要原则，还推出了践行这种原则

相关链接：子曰："益者三友，损者三友；友直、有谅、有多闻，益矣；友便辟、有善柔、有便佞，损矣。"——《论语·季氏》

尚德

的样板，把孔子的交友理论向前推进了一步。孔子在《论语》中说："益者三友，损者三友。"交之有益的三种朋友是正直的人、诚实的人、见闻广博的人；交之有害的三种朋友是逢迎献媚的人、明誉暗毁的人、花言巧语的人。孔子虽然也谈到什么朋友可交、什么朋友不可交的问题，而且出言不凡，理义精深，但还不是交友的普遍原则。孟子回答了这个问题，那就是交友要重德，以德交之，交之以德，把道德作为交友的基础和追求。

纵观古今，乐交德友者为数不少，但唯权是交、唯势是交、唯利是交而置道德于不顾者，还是大有人在。

作为社会中的人，上至高官，下至平民，都不可避免地在一定的人际关系中生活，互相间一般的交往、交际、交道，倒不必对人过于挑剔、计较，即使人家有点儿小毛病、污点，抑或是小心眼、小动作、小私小利，只要无碍大体，无伤大局，无妨大事，当糊涂时且糊涂；但倘若成为朋友，尤其作为至交，就不能不采取审慎态度。如果交友不慎，品位低下的人、不三不四的人、唯利是图的人就会影响着你，久而久之，生出许多纠葛、是非与麻烦。古人讲，"以势交者，势倾则绝；以利交者，利穷则散"。可以说，"势"和"利"都靠不住，唯以道德为基石的友谊才愈久弥新，愈久弥坚。

真正的朋友、纯洁的友情，给人以力量，给人以关怀，给人以战胜困难的勇气，是人生路上一道绚丽的风景。

知其荣，守其辱

知其荣①，守其辱②，为天下谷③。为天下谷，
常德乃足，复归于朴④。

——《老子·二十八章》

注	①荣：荣誉、宠幸。
	②辱：侮辱、羞辱。
	③谷：深谷、峡谷，喻胸怀广阔。
	④朴：朴素。

●●●●释义●●●●

　　深知什么是荣耀，却安守卑辱的地位，甘愿做天下的川谷。甘愿做天下的川谷，永恒的德性才得以充足，回复到自然本初的朴素纯真状态。

　　"知其荣，守其辱"是说一个人有了功劳也不要骄傲，只有明晓什么是荣，才不会做出自取其辱的事情。有了功劳而不骄傲，反而放低姿态，就会化解别人的嫉妒，得以自保。春秋时期晋国国卿魏绛在"居功不傲，知荣守辱"这方面就值得后人学习。

　　魏绛的先祖是庶人，与周同姓，因伐纣有功而被周武王封于毕，于是以毕为姓；后事晋献公，伐霍、耿等国有功，封于魏，遂又以魏为姓。晋文公时，魏氏为大夫。晋悼公元年（公元前573年），魏绛被封为司马，执掌军法。

晋悼公大会诸侯，想借此夸耀他的地位和实力，而他弟弟杨干仆从却扰乱仪仗军的行列。魏绛严格执法，戮死杨干的仆从，此举震惊了众人，魏绛名声远扬。没想到晋悼公非常恼怒，认为魏绛这也是在污辱自己，破坏自己的声望，所以一定要杀魏绛。魏绛执法时已考虑到严重的后果，但为了整肃军纪，他已经将自身利害置之度外。执法完毕，魏绛上书陈述行刑的理由："军师不武，执事不敬，罪莫大焉。"还说出了杨干这样的事，说明军纪松弛，自己身为司马，应负责任。但在诸侯会盟这样的重要场合，如不执行军法，后果将不堪设想。对杨干之仆行刑，确实是迫不得已，自己一向未能尽职尽责，愿以一死谢过。

呈书以后，魏绛即要自杀，被人拦住。晋悼公阅书后大受感动，匆忙赤足出外，向魏绛道歉。后来晋悼公又专门设宴与魏绛欢叙，并擢升其为新军将佐，予以重任。

魏绛还向悼公提出了"和戎"的重要主张，即与少数民族改善关系。当时与晋国相邻的北方少数民族时常与晋发生战争，数为边患。以前从无和戎之说，只是讨伐，故很难理解和戎的积极意义，当时悼公即说："戎狄无亲而贪，不如伐之。"魏绛恳切地向悼公陈述了和戎的"五利"：第一，可以利用游牧民族轻视土地、重视财货的习俗，发展对戎狄的贸易；第二，没有战争，人民安居乐业，利于发展农业生产；第三，戎狄事晋，四邻震动，在诸侯争霸中有威慑作用；第四，维持和平局面，军队得到休息，军备物资不需消耗，可以保存晋国实力；第五，借鉴历史的经验，只有采用以德服人的办法，才能保持长久的安宁局面。经过这些详细解释，魏绛终于说服了晋悼公，并受托和戎。

魏绛从国家大局出发，冲破传统偏见的束缚，积极主张和戎，开创了我国历史上汉族争取团结少数民族的先例。和戎政策实施后大见成效，到晋悼公十二年（公元前562年），仅短短的八年时间内，便取得了汉戎和睦相处的局面。悼公非常高兴，将郑国赠送的乐师、乐器、女乐的一半赐给魏绛，说："先生教寡人和戎，以正诸华。八年之中九合诸侯，如乐律那样和谐，就请先生接受这些赏赐。"但是魏绛并没有接受，而是谢绝了所赐，谦虚地对悼公说："和戎狄乃国之福，是君之威，也是其他人的功劳，臣并没有出什么力气。"

魏绛不但在八年之中九合诸侯，而且带兵打仗多有战功。他还曾请悼公赈济贫民，解除民困，赢得了民心。所有这些，都给魏绛赢得了巨大的荣誉和名声，可是魏绛从不骄傲炫耀。魏绛后来因功改封安邑（今属山西运城市），卒后谥为"昭子"。

魏绛的一生功勋卓著，也赢得了巨大的荣誉，但他从不骄傲炫耀，可以说他是历史上"知其荣，守其辱"的典范，值得我们后人认真学习。老子教导人们要"知其荣，守其辱"就是劝导人们用这种方式客观地看待自己的成功与失败，从而做到自知之明。

处世之德

处世重道德，做人诚为先，只有放
下世俗的利益，友谊这自然和清新
的风才能吹拂净化我们的心灵。

不自矜，故长

**不自见①，故明；不自是，故彰②；不自伐③，故有功；
不自矜④，故长⑤。夫唯不争，故天下莫能与之争。**

— 《老子·二十二章》

> **注**
> ①见：通"现"，显现。
> ②彰：明显，显著。
> ③伐：自夸。
> ④矜：自高自大。
> ⑤长（zhǎng）：长进。

● ● ● 释义 ● ● ●

（圣人）不自我表现，所以才名扬天下；不自以为是，所以才名声彰显；不自我夸耀，所以才功劳更大；不自高自大，所以才能处人之上。正因为他们不与人争，所以天下没有人能够同他们争夺。

孔子说："几个人同行，其中一定有我可以学习的人，我选取他善的品行去学习，看到他不善的地方就作为借鉴而改正。""满招损，谦受益"，自古皆然。谦虚的好处说起来也许太抽象，但自满的弊端却俯拾即是。

孔子带着学生到鲁桓公的祠庙里参观的时候，看到了一个可用来装水的器皿，倾斜地放在祠庙里，那时候把这种倾斜的器皿叫敧器。孔子便向守庙的人问道："请告诉我，这是什么器皿呢？"守庙的人告诉他：

名家美文话格言

相关链接：不自是而露才，不轻试以悻功。——周希陶：《增广贤文》

"这是敧器，放在座位右边，用来警戒自己，如'座右铭'，是一种用来伴坐的器皿。"孔子说："我听说这种用来装水的伴坐的器皿，在没有装水或装水少时就会歪倒；水装得适中，不多不少的时候就会是端正的；里面的水装得过多或装满了，它也会翻倒。"说着，孔子回过头来对他的学生们说："你们往里面倒水试试看吧！"学生们听后舀来了水，一个个慢慢地向这个器皿里灌水。果然，当水装得适中的时候，这个器皿就端端正正地立在那里。不一会儿，水灌满了，它就翻倒了，里面的水流了出来。再过了一会儿，器皿里的水流尽了，又像原来一样歪斜在那里。这时候，孔子便长长地叹了一口气说道："唉！世上哪里会有太满而不倾覆翻倒的事物啊！"

孔子借用敧器装满水就倾覆翻倒的现象来向学生们说明骄傲自满，往往向它的对立面——空虚转化。从而告诉人们要谦虚谨慎，不要骄傲自满，凡骄傲自满的人，没有不失败的。水满自溢，人自满会跌倒，这是自然规律。命运是极其公正的，它不会因为人的不同而有所偏颇。

日中就得西斜，月圆就要亏缺，物盛必衰，这是天地的道理。人体验到了天地的道理，高就会自卑，盈就会自谦。所以孔子说："君子做人不自大，有功不自傲。"君子不以他所能做到的而瞧不起别人，不以因己不能做到的自愧于人。虚己对人是长进仁德的基础，自谦是受人尊敬的阶梯。念念不忘"谦虚"二字，自然是高风可仰，心光可掬。

适人自抑，就能广造福用。王阳明说："人最大的缺点，就是一个'傲'字，千万种罪恶，都是从傲里滋生出来的。傲就自高自足，不肯屈人之下。所以身为学子骄傲，就不能孝敬长上；身为弟弟骄傲，就不能尊敬兄长；身为臣子骄傲，就不能做个忠臣。"

以财势傲人固然不应该，以学问傲人也不应该，以俸禄傲人更不应该。以气色傲人固然不应该，以态度傲人也不应该，以言语傲人更不应该。人的傲骨傲性，只能针对占据上位的卑鄙小人、贪官污吏，对于其他的任何人，都不能存有半点的傲气。

傲的反面就是谦，谦是傲的对症良药。不但外貌要恭敬谦逊，心中更要敬让。常常看到自己的不对之处，就能虚己受人。尧、舜之所以称为圣人，就是谦虚到了至诚的境地，也就是允恭克让。做到了谦就能虚，虚就能受。

《礼记》中说："傲不可长，欲不可纵，志不可满，乐不可极。"谦恭自守，必然会大得人心；虚下自处，必然会受人尊敬。不用自己的智慧对付他人的愚蠢，不以自己的贤能瞧不起他人的笨拙，不以自己的长处克制人们的短处，这些都是承载福禄的方法与道理。

治骄傲就要用谦虚，治盈满就要用空虚，治狂妄就要用礼义。人有一分虚心，就增加一分谦让；守住一分礼貌，就减少一分狂态。

名家美文话格言

相关链接：人能弘道，非道弘人。——孔子《卫灵公》

相关链接：君子和而不同，小人同而不和。——《论语·子路》

礼之用，和为贵

有子曰："礼①之用，和②为贵。先王之道③，斯④为美。"

——《论语·学而》

> **注**
> ①礼：孔子的"礼"，既指"周礼"，礼节、仪式，也指人们的道德规范。
> ②和：调和、和谐、协调。
> ③先王之道：指尧、舜、禹、汤、文、武等古代帝王的治世之道。
> ④斯：这、此等意。这里指礼，也指和。

●●● 释义 ●●●

有子说："礼的应用，以和谐为贵。古代君主的治国方法中，宝贵的地方就在这里。"

在《论语》中，"和为贵"三字，妇孺皆知，许多人还将其书之厅堂，榜于门楣，大抵是崇尚和睦、和气、和谐、团结之意。但自古以来，为《论语》作注者很多，众说纷纭，有人认为"和为贵"的"和"就是"事之中节者"，即恰当、恰到好处（此说有一定道理）；有人认为，"和为贵"就是以维持社会秩序和人际关系的和平、和气、和谐为贵、为先、为重；还有人认为，礼的运用，要和缓从容，才算得上最高境界。宋代大儒朱熹在《论语集注》中注曰："礼者，天理之节文，人事之仪则也。和者，从容不迫之意，盖礼之体虽严，而皆出于自然之理，故其为用，必从容不迫，乃可为贵。""礼之体虽严，而其发用，以自然和顺为贵。"由是观之，完整意义上的"和为贵"，至少有两个方面的重要内容，即自然和顺与从容不迫。其余可视为这两个方面的衍生义。

古人喜欢讲天道，或称天之道。何为天之道？最大的天道就是自然。子曰："天何言哉，四时行焉，百物生焉。"四时之行，百物之生，都按一定的时序进行，这就是最基本的自然规律。而规律是一切事情的基础，是"人事之仪则"，是不可抗拒的。老子也说："人法地，地法天，天法道，道法自然。"这是说，自然是比道和天更高之物。所以，人们做事一定要顺应自然，适应自然，表达自然，印证自然，力戒逆天违道，为所欲为，要行其所当行，止其所当止，这是一个最基本的客观规律。这种规律是无处不在的，表现在人类社会生活所有领域和生活的方方面面，世上的事理也无一不出于自然，本于自然。

既然天道就是自然，要循自然之理，当然要从容不迫。从容不迫是一种人生态度，也是做人应有的一种气度。它要求人们无论在什么情况下，都要沉着镇静，宠辱不惊。当年赵国蔺相如使秦，智斗秦王，使完璧归赵，是从容不迫；晏子使楚，出"橘生淮南"之论，不辱使命，是从容不迫；魏徵直言谏君、颜真卿大义殉节是从容不迫；刘禹锡因诗遭贬，仍潇洒高唱"前度刘郎今又来"；苏轼一生仕途坎坷，屡遭贬谪，左迁天南地北，但总难掩才情泉涌，气冲斗牛；林则徐"苟利国家生死以，岂因祸福避趋之"，谭嗣同"我自横刀向天笑，去留肝胆两昆仑"的诗句，都为从容不迫作了最好的注脚。这种精神与气度，没有顺其自然、从容不迫的态度，是做不到的。一个人如此，一个国家也是如此。新中国成立后，面对强大的西方阵营的种种封锁和压力，自力更生，奋发图强，不为所屈，也是一种从容不迫。中华民族在历次抗击外敌入侵斗争中所表现出来的大无畏的英雄气概和气贯长虹的浩然正气，无不表现了从容不迫的精神与气度。

是否具有从容不迫的态度，是衡量一个人人格健康与否的标尺，其与人的地位高低、官职大小、所从事的职业没有必然联系。著名的人物、伟大的人物能做到从容不迫，普通人身上照样可以闪耀从容不迫的光辉。

所以说"和为贵"的义旨就不言自明了，它首先是自然和从容不迫，在这个基础上才理解为和气、和平、和谐等，也唯其如此，这几个方面的"和"才有坚实而牢固的基础，这才是"和"的真正"贵"之处。

尚德

相关链接：德成而上，艺成而下。——戴圣《礼记》

名家美文话格言

相关链接：世事洞明皆学问，人情练达即文章。

——曹雪芹：《红楼梦》

人之立身：
知命，知礼，知言

子曰："不知命①，无以为君子也；不知礼②，

无以立③也，不知言④，无以知人也。"

——《论语·尧曰》

注　①命：天命。
　　②礼：礼节。
　　③立：立身。
　　④言：言论。

●●● 释义 ●●●

孔子说："不知道命运，就不能够做君子；不懂得礼，就不能够立身；不识别言语，就不能够识别人。"

《论语·尧曰》这一章是全篇的总结。孔子的学说最后落脚到命、礼、言三个支点上，这三个支点，说到底还是立身处世的学说。

孔子说："不知命，无以为君子也。"关于"命"的问题，是我们经常需要探讨的一个概念。过去，人们常把信奉"命"的言行视为封建迷信，好像一说到命，就是大逆不道。其实，这很值得商榷。"命"的概念应该是很宽泛的，不能只做一种解释。孔子在这里没有要我们信

"命"，也没有要求我们完全听从"命"的安排。他只是要我们"知命"，要知道"命"，了解"命"是怎么一回事，否则，就不能成为真正的君子。在《为政》篇里，孔子自述"五十而知天命"。在《季氏》篇里，孔子说"君子有三畏"，其中第一畏便是"畏天命"。孔子所说的命，按照我们的理解，既指宇宙的自然规律，也指社会的发展，历史的变迁规律，最后，还包括个人由于所处环境和时代趋势而造成的命运、归宿等等。如果你不知道这些，没有自知之明，你怎么可以把握住自己呢？

每个人都有自己独特的一面，而且这一面往往又是不能改变的，进而造成了每个人在社会上占据着不同的位置、扮演着不同的角色。语言大师侯宝林先生说过，一个人要想作出一番事业，要有三个条件。第一，要看你是不是那个材料。第二，要有名师指点，少走弯路，才能尽快提升到更高的境界。第三，勤学苦练。第三条最不重要，这是因为，几乎所有的人在短时期内都能做到勤学苦练。侯宝林先生的一番话，的确可以令人大彻大悟。仔细想想，这才是真正的大智慧！

"看你是不是那个材料"也就是问你"知不知命"。不清楚自己到底有多少分量，一味地追求不可能达到的极致目标，最终带来的常常是悲剧。

关于"礼"的问题，在《泰伯》篇里孔子已强调过"立于礼"。在《季氏》篇里教儿子孔鲤时又说过"不学礼，无以立"。其观点是一脉相承的，都是认为个人立身处世离不开礼。这里的礼，不是指什么具体的礼仪、礼节，甚至也不仅仅是指礼制，而是包括所有这几方面在内的传统礼义，也就是规矩，做事情、做人，都要遵循的规矩。它的内涵可用孔子的一句话来概括："礼之用，和为贵。""和"的意思是恰当，恰到好处。

事实上，孔子之所以提出要"知礼"，就是让我们以适当的方式融入社会。这一点特别重要。在孔子看来，一个人不懂得礼，就无法在这世界上立身，更不用说做一番事业和成就来了。

宋代，大奸臣蔡京被递解遣送出京城。尽管他带着满船的金银财宝，身边又有如狼似虎的随从，但沿途的百姓们对他嗤之以鼻，粮食不卖给他吃，水不卖给他喝，旅店不准他租住。人们的正义行动，压住了蔡京的气焰，虽然手中握有那么多财富，最终他却活活饿死在金银财宝之中。这就是他违背了"礼"的下场。

最后说到"言"的问题。这方面的论述，在《论语》里更是很多。比

相关链接：圣人择可言而后言，择可行而后行。
——《管子·形势解》

155

较典型的如《学而》篇说："巧言令色，鲜矣仁。"《公冶长》篇说："始吾于人也，听其言而信其行；今吾于人也，听其言而观其行。"这些都是说的一个人的言语和实际品德的关系问题。"语言是思想的直接现实"，识别一个人的言语，多少还是可以识别一个人的。"听话听声，锣鼓听音"，如果你不能识别一个人的言语，那么，你就很可能不能够真正认识这个人。如果他是一个坏人，你就很可能被他所蛊惑，所蒙骗。这就是孔子再次强调"不知言，无以知人也"的道理所在。

前人曾经说过，半部《论语》可以治天下。作为寻常人，不一定非要想着去治天下，常常记着"知命、知礼、知言"这六个字，也可以生活得充实、幸福。这些都留待读者在自己的人生实践中慢慢体悟吧！

外举不弃仇，内举不失亲

外举不弃仇①，内举不失亲②。
——《左传·襄公二十一年》

相关链接：故圣人一视而同仁，笃近而举远。
——韩愈：《原人》

尚德

> **注** ①仇：仇人。
> ②亲：亲人。

●●●● 释义 ●●●●

推举人才，在外，不避开自己的仇人；在内，不避开自己的亲人。

中国悠悠数千年的灿烂文化中，闪耀着古人杰出的智慧，古人在实践中总结出的用人之道更是博大精深。"外举不弃仇，内举不失亲""一视而同仁，笃近而举远"就是他们智慧的结晶。

推举人才，在外，不避开自己的仇人；在内，不避开自己的亲人。这是来自祁黄羊的典故。祁黄羊是春秋时晋国的一位品格高尚的大臣，为人正直公正。晋平公在位时，一次，南阳县缺少个县令。于是，平公问大夫祁黄羊，谁担任这个职务合适。祁黄羊回答说："解狐可以。"平公听了很惊讶，说："解狐不正是你的仇人吗？你怎么推荐仇人呢？"祁黄羊答道："您是问我谁担任县令这一职务合适，并没有问我谁是我的仇人。"于是，平公派解狐去任职。果然不出祁黄羊所料，解狐任职后为民众做了许多实事、好事，受到南阳民众的拥护。

又有一回，朝廷需要增加一位军中尉，平公又请祁黄羊推荐。祁黄羊说："祁午合适。"平公不禁问道："祁午是你的儿子，难道你就不怕别人说闲话吗？"祁黄羊坦然答道："您是要我推荐军中尉的合适人选，而没有问我儿子是谁。"平公接受了这个建议，派祁午担任军中尉的职务。结果祁午不负所望，干得也非常出色。祁奚也以公而无私赢得了朝野内外的赞誉，他的言行也随之成为衡量是非曲直的标准。

公元前 552 年，栾盈之难后，叔向的弟弟由于涉嫌叛乱，当上了叛臣贼子，被执政大臣范宣子杀了。而叔向也因为弟弟的罪行而被"圈禁"了。叔向谢绝了乐王鲋"吾为子请"的好意，希望祁奚能为他主持公道。他说："祁大夫外举不弃仇，内举不失亲，其独遗我乎？"

此时，祁奚已告老在家，听说后，亲自去见了朝中管事的执政大臣范宣子，祁奚的话很感人也很中肯，他说，《诗》《书》上教导我们要珍视爱惜国家的栋梁之才，像叔向这么出色的人才，就算有再大的牵连也要力保！这样才能吸引更多有能力的人为国家出力。祁奚还举出古代先贤的例证，舜帝杀了治水无功的鲧，却能继续重用他的儿子大禹；商王太甲因少时荒淫而被宰相伊尹放逐过三年，当他改过自新重掌王位后，却对伊尹毫无抱怨；周初武王的两个弟弟管叔、蔡叔叛乱被杀，而武王的另一个弟弟周公却能继续辅佑成王。范宣子被说服了，他又带着祁奚一同说服了晋侯，恢复了叔向的自由。

中国汉代刘向曾有言："骐骥虽疾，不遇伯乐，不致千里。"千里马需要伯乐慧眼识珠，人才需要"慧者"以宽博的胸怀与果断的决策去相识、去拥抱。"外举不弃仇，内举不失亲"，就是重视、博求人才的一种难得的境界。

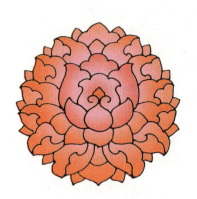

往者不可谏，来者犹可追

楚狂接舆歌而过孔子曰："往者①不可谏②，
来者③犹可追④。"

——《论语·微子》

> **注**
> ①往者：过去的时日、事情。
> ②谏：规劝，改正错误。
> ③来者：将来、未来的时日。
> ④追：追回。

●●● 释义 ●●●

楚国的狂人接舆唱着歌从孔子车旁经过，唱道："过去的事情已经无可挽回，未来的还来得及改正。"

流年似水、光阴似箭，天地将无穷尽地永恒存在，但上天赋予人的生命却总是有限的。或许这世上注定就有很多生来不由人定的荣华富贵摆在不同的人面前，命运也就因此在际遇不同的人看来有着不公平的宿命。可是，相信我们所有人在一种东西面前的待遇永远是公平和相同的，那就是——时间。

春秋时期，孔子周游列国来到楚国时，隐士接舆唱着歌从孔子的车旁走过时就不断咏叹：过去时光早已逝去无可挽回，但未来的时间还属于我们自己，如果过去曾经犯错的话，那么在将来的日子还来得及认识到自己的错误进而赶快改正啊。时光永远不会停下脚步等待任何一个人。我们只有明白过去的言行举止对错得失在哪里，不辜负时间赐予我们的将来，才是最重要的啊。

春秋末年有位著名的大音乐家师旷。天生失明的他自称盲臣。据说他弹琴的水平非常高，当他演奏的时候，甚至吃草的马儿都会停下来侧耳倾听，觅食的鸟儿也会停止飞翔沉醉其中忘记口中叼着的食物。晋平公欣赏其才能，将他封为掌乐太师。因为当时乐律带有一些神秘色彩而备受推崇，太师在掌管乐律的同时，也就往往参与一个国家的内政、外交和军务大事。于是师旷的才华也就不仅仅囿于琴瑟之间，而是凭借自己的满腹经纶和善辩口才赢得了两位国公的信任，更是被晋平公视为师友。有一次，晋平公

相关链接：君子之守，修其身而天下平。——《孟子·尽心下》

对师旷说："我今年 70 岁了，还想继续学习，只怕已经太晚了。"师旷却答非所问地要晋平公点上蜡烛，使得一头雾水的晋平公非常气愤地说师旷是在戏弄君子。师旷却娓娓道来："我怎么敢戏弄你啊！我只是听说，少年好学，就像在初升的太阳下走路；壮年好学，就像在正午的日光下走路；老而好学，就像点起明亮的蜡烛走路。天晚了，有了照亮的蜡烛，比起在黑暗中摸索着走路强啊！"大受启发的晋平公恍然大悟，连声说："对极了，对极了。"师旷应该是深刻理解了"往者不可谏，来者犹可追"的哲理了，不仅是教育了晋平公，对我们今天的学习之人也是一个教益。

从古至今，哲人们都一再告诫我们：时间是无涯的荒野、是不舍昼夜奔流不息的河流；而我们的生命如此有限，以至于投身其内竟渺小得仅如一棵野草、一滴水珠。因此，要想让我们的生命真实而有存在的意义，除了好好珍惜、充分利用宝贵的每一分一秒之外，我们别无选择。

小不忍则乱大谋

相关链接：毋见小利。见小利，则大事不成。——《论语·子路》

子曰："巧言①乱②德，小不忍则乱大谋。"

——《论语·卫灵公》

> **注**
> ①巧言：花言巧语。
> ②乱：惑乱。

●●●● 释义 ●●●●

孔子说："花言巧语惑乱道德。小事情上不能忍耐，就会打乱大的计谋。"

孔子认为花言巧语会败坏人的德行，小事情不忍耐就会败坏大事情。中国人是最能够忍的。超凡的伟人，总有超凡的忍耐力。周文王曾忍食子之痛；孙膑曾忍断足之苦；韩信曾忍胯下之辱；勾践曾忍破国之屈。也正因为他们能忍，日后才能有机会雪耻复仇，成就不朽的伟业。由此，我们可以知道"忍"有多么重要。

忍是理智的抉择，是成熟的表现。忍有一个最重要的条件，就是要眼光放得远，为长远打算，忍一时之痛。忍一时，风平浪静；退一步，海阔天空。忍能体现一种大胸襟、大气魄。孔子说：小不忍则乱大谋。要做大事，需纵观全局，不可纠缠在小事之中，摆脱不出。

隋朝末年，隋炀帝十分残暴，各地农民的起义风起云涌，许多官员也纷

名家美文话格言

相关链接：忍小忿而就大谋。——苏轼：《留侯论》

纷倒戈，转向帮助农民起义军。因此，隋炀帝的疑心很重，对朝中大臣，尤其是外藩重臣，更是疑心重重。

由于唐国公李渊（即唐太祖）曾多次担任中央和地方官，所到之处，悉心结交当地的英雄豪杰，多方树立恩德，因而声望很高，许多人都来归附于他。这样，大家都替他担心，怕他遭到隋炀帝的猜忌。

其实，唐国公李渊（即唐太祖）早就有起兵代隋以取天下的想法。他身为太原留守，总掌一方军政大权，要造反有许多便利之处。李渊秘密部署将领，随时准备起兵，公开集结兵马。为准备起事，他派李建成、李世民等以防御突厥为名，招募士兵，购买边境少数民族的马匹，十几天的时间便扩充了近万人。

公元 617 年 5 月，李渊的两位副手太原郡丞王威和武牙郎将高君雅看出李渊集结、扩招兵马是有异心，便想找机会除去李渊。李渊知道后，迅速做出反应，派人请王威、高君雅议事，然后捏造两人勾引突厥入寇的罪名将两人擒获，随即李世民派兵控制了晋阳城，大唐义旗就此树起。

李渊起兵的战略是：因势借力，发展自己，先取关中，号令天下，进而统一全国。所谓因势，就是因天下大乱之势；借力，是借突厥、李密等外部势力为己所用。当时突厥的力量相当强大，中国人归之者甚众；李密领导的瓦岗军是当时实力最强的起义军。比较之下，李渊的势力还比较弱，他要成事，必须取得某些外部势力的支持。为了将成为后顾之忧的突厥转化为可以借用的力量，他卑辞厚礼以结交之，甚至许诺：若能从我，不侵百姓，征战所得子女玉帛可汗有之。使始毕可汗转而积极主张李渊取隋而代之。对李密，他则"卑辞推奖以骄其志"。他写信给李密，希望他早膺图箓，以宁兆庶。对李密极尽谦恭吹捧之能事，使其得意忘形，从而心甘情愿地为李渊充当拒东都之兵的角色，使李渊得以乘虚入关，夺取长安。入长安后，李渊并未顺理成章地称帝，而是推戴代王杨侑为帝，倡言废昏立明，扛着拥隋的旗号，欲行挟天子令诸侯之事，从而实现自己以唐代隋的大目标，将弑逆的罪名留给他人，而把自己竭力塑造成应天顺人的新主形象。这些都是李渊因势借力、以屈求伸、发展壮大自己、成就大业的思想的具体体现，较当时群雄过早地争相称帝高出一筹。

在取得长安后，李渊不但在地理位置上占据了优势，而且在政治上更是得天独厚，他出身关陇贵族集团，在关中有很大影响，进入长安后，可以取得当地人士的广泛支持；同时，占据京城，挟持隋帝，号令天下，有高屋建瓴之势，为统一天下创造了极为有利的条件。仔细分析李渊从酝酿到起兵，无处不体现了其为了图谋大业，能够克制隐忍、着眼长远的宽阔胸襟。

"小不忍则乱大谋"，孔子的这句话在民间极为流行，甚至成为一些人用以告诫自己的座右铭。它告诉人们：有志向、有理想的人，不应斤斤计较个人得失，更不应在小事上纠缠不清，逞匹夫之勇，而应有开阔的胸襟和远大的抱负。只有如此，才能成就大事，从而实现理想。

相关链接：是以圣人自知不自见；自爱不自贵。——《老子·七十二章》

知人者智，自知者明

知人者智，自知者明。胜人者有力，自胜者强①。知足者富，强行②者有志，不失其所者久，死而不亡③者寿。

——《老子·三十三章》

> **注**　①强：刚强、果决。
> ②强行：坚持不懈、持之以恒。
> ③死而不亡：身虽死而"道"犹存。

●●● 释义 ●●●

能了解、认识别人叫作智慧，能认识、了解自己才算聪明。能战胜别人是有力的，能克制自己的弱点才算刚强。知道满足的人才是富有的人。坚持力行、努力不懈的就是有志。不离失本分的人就能长久不衰，身虽死而"道"仍存的，才算真正的长寿。

中国有一句话，叫"人贵有自知之明"，就源自于老子的"自知者明"。老子的这句话主要是谈及个人的修为，他认为了解别人容易，了解自己难；战胜别人也就是力量上的区别，而能够战胜自己才是强大的表现。

汉代的刘邦就是这样的人物，有一次，当上皇帝的刘邦问功臣们："请大家说一说，我和项羽争天下，为什么最后得到天下的人是我？项羽为什么丢了天下呢？"

这时，高起、王陵对曰：“陛下慢而侮人，项羽仁而爱人。然陛下使人攻城略地，所降下者因以予之，与天下同利也。项羽妒贤嫉能，有功者害之，贤者遗之，战胜而不予人功，得地而不予人利，此所以失天下也。”

刘邦听曰：“公知其一，不知其二，夫运筹策帷帐之中，决胜于千里之外，吾不如子房。镇国家，抚百姓，给馈饷，不绝粮道，吾不如萧何。连百万之军，战必胜，攻必取，吾不如韩信。此三者，皆人杰也，吾能用之，此吾所以取天下也。项羽有一范增而不能用，此其所以为我擒也。”

这可能就是为何孙武说"知己知彼"，而不是"知彼知己"的原因吧。而刘邦就是一个自知之明的人，很难得，也很可贵。

大家都知道晁错吧，他是西汉初期著名的政治家，学贯儒法，知识渊博，还深受文、景两帝的器重和宠信。他是一个有学问，有才华，有思想的人，但他就是不适合搞政治。他是个不善于处理人际关系的人，和朝中的大臣关系很不好，不得人心，还气死了丞相申屠嘉。之所以这样，就是因为他不懂得如何做人，性格也不好。《史记》和《汉书》讲到晁错时，都用了四个字来形容他的性格，"峭""直""刻""深"。峭，严厉。直，刚直。刻，苛刻。深，心狠。为人过于严肃，又不能容忍别人的过错，这就使得他没有任何人缘可谈。而一人立于朝廷之上，孤危之状却浑然不觉，只依仗皇上的宠信，便以为天下事无不可为，终于被政敌陷害致死。他是既不知人，也不知己，最后落得在长安东市被腰斩。

"知人者智，自知者明。""明"是一种境界，老子曰："知常曰明"，把握了规律才是"明"。知人者只是"智"，唯有自知者才可许之以"明"。中国古代的道德教养也都是以自知为根本的。"自知""明"不仅是一种状态，而且是一种品质，无论你自觉不自觉，它总是渗透在你的一切言行之中。

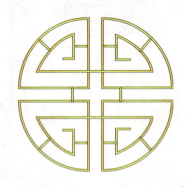

知足不辱，知止不殆

故知足①不辱，知止②不殆，可以长久。

——《老子·四十四章》

相关链接：功成身退，天之道。——《老子·九章》

尚德

> **注**
> ①知足：懂得满足。
> ②知止：懂得停止。

•••• 释义 ••••

懂得满足，适可而止，就不会遇到危险，这样才可以保持长久。

"知足不辱，知止不殆"，是老子处世为人的精辟见解和高度概括。知足，就是说任何事物都有自己的发展极限，超出此限，则事物必然向它的反面发展。因而，每个人应该对自己的言行举止有清醒而准确的认识，凡事不可求全。贪求的名利越多，付出的代价也就越大。积敛的财富越多，失去的也就越多。

和珅，满洲正红旗人，1750 年生于北京西直门内驴肉胡同的一个普通四合院里。幼年的和珅长得眉清目秀，十分惹人喜爱。少年的和珅非常聪颖，在同学中，他的学习一直最出色。

和珅的父亲承袭了祖上三等轻车都尉的爵位，家庭生活算不上窘迫，但和其他的豪富比起来却是远远不及。和珅自幼耳闻目睹的是大人们在官场上的钩心斗角，在风月场中争风吃醋的奇闻艳谈，感触最深的是金钱的力量。他知道，只要有了权，才可能有钱。因此，他千方百计地寻找挤入仕途的机会。

1772 年，和珅被授予三等侍卫职，不久被挑选补充粘杆处侍卫。粘杆处侍卫因为平时要伴随皇帝左右，出入大内禁苑，因此要可靠的八旗子弟担任。也正因为他们能接近皇帝，一旦得到皇帝的垂青就可以飞黄腾达。和珅担任的侍卫比蓝翎侍卫低一级，不可能随时见到皇帝，但他认为机会总会到来的。

有一次，和珅和许多侍卫一起护卫乾隆皇帝出宫。乾隆坐在轿中阅览边境送来的军事情报，看到一份报告上说有一位要犯因看管不严而逃脱，感到很生气，遂自言自语地背诵了《论语》中的三句话："虎兕出于柙，龟玉毁于椟中，是谁之过欤？"这时和珅却应声道："典守者不得辞其责！"这也是《论语》中的话，意思是管这件事的大员负有推卸不掉的责任！乾隆听了，十分高兴，问和珅："你读过《论语》吗？"和珅回答："读过。"乾隆又问他的家庭出身、年龄，和珅都答得十分得体。乾隆见和珅长得眉清目秀，仪态优雅，回答得口齿清楚，颇有几分好感。从此，和珅逐渐博得乾隆的恩宠，在短短的两三年时间里，由小小的侍卫连升三级，成为乾隆皇帝面前的红人。这时，和珅才 25 岁。

和珅善于揣摩逢迎乾隆的心理，深得乾隆皇帝的宠幸。1780 年被提升为吏部尚书；不久又命在议政大臣处行走。后乾隆又提升和珅为御前大臣、镶蓝旗满洲都统。1781 年 11 月，又兼理兵部尚书，管理户部三库事务；1782 年，调任吏部尚书、协办大学士，管理户部。协办大学士是宰辅之一。到了乾隆晚年，和珅受宠日隆，势倾朝野。

和珅当时不仅权倾朝野，他因日益膨胀的对财富的贪欲而敛聚来的财产更使他富甲天下。我们由他被查抄的财产清单，便可以见到他富甲天下之一斑。1799 年正月初二，乾隆去世。三天后，身着孝服的嘉庆召见群臣，命令百官指责朝政弊端，检举大臣不法情事。任给事中的著名学者王念孙首先起来检举和珅，得到了许多大臣的响应。初九，嘉庆下令将和珅及与和珅关系密切的户部尚书福长安革职拿问，并委派大员调查和珅的罪状，查抄和珅的家产。

当查抄者把查抄和珅的家产清单拿出来，大家看了无不吃惊。清单的一部分列着：房屋两千余间；田地八千多顷；银号十多处，本银六十万两；当铺十处，本银八十万两；金库赤金将近六万两；银库内元宝、京锞、苏锞将近九百万个；珠宝库、绸缎库、人参库都装得满满的。当时，清廷岁入银为七千万两。而和珅的这部分家产总值银达八亿两之巨，比清廷十年的总收入还要多，可见其赃物之多、财富之巨。和珅的两个家人被抄没的家产也值银七百万两。查抄的和珅家产大部分落入嘉庆皇帝私库，所以民间流传着这样一句话"和珅跌倒，嘉庆吃饱"。

　　也正因为和珅对权力和财富的无尽贪欲，给他带来了杀身之祸。1799年正月十八，即在乾隆皇帝去世半个月之后，嘉庆皇帝下诏赐和珅自尽。由和珅之死可以看出贪欲是人生的祸源。我们也从和珅的下场中可以感知到老子的"知足不辱，知止不殆，可以长久"的智慧所在。

德之教化

让别人服从的最高境界莫过于让人从内心敬重你的才能和道德，道德高尚的人，拥有自己的人格魅力，无须太多言语和说教，自然就会让人如沐春风，受到你的德行的熏化。

以德服人者，
中心悦而诚服也

以德①服人②者，中心悦③而诚服也。

——《孟子·公孙丑上》

>
> 注　①德：道德。
> 　　②服人："使人服"，指使人服从。
> 　　③悦：高兴。

●●● 释义 ●●●

凭借道德使人服从的人，人家内心会很高兴，心悦诚服。

　　心悦诚服的意思是说让别人服从的最高境界莫过于让人从内心敬重你的才能和道德，进而使天下的人都能满心欢喜地服从于你的指导和管制。所以孟子在回答这个问题的时候就很清楚地说："倚仗武力而使人屈服的，别人并不是从内心真正降服，只是力量不足不得已；只有凭借道德使人服从的人，人家才会从内心高兴地诚服，就像当年七十二个弟子拜服孔子一样。"道德高尚的仁人，拥有自己的人格魅力，无须太多言语和说教，自然就会让人见识到他的德行，也就肯定会让人尊重、敬爱，这样的人处于领导地位，无需强制或更多武力，就会使天地清明人心向善。相反，如果道德低的不仁者处于统治地位就会把他的不仁不义传播给群众，毫无疑问，这样的人必然不会让人"心悦诚服"。其结果是"天子不仁，不保四海；诸侯不仁，不保社稷；卿大夫不仁，不保宗庙；士庶人不仁，不保四体"。也就是说天子不行仁义，便保不住他的天下；诸侯不行仁义，便保不住他的国家；卿、大夫不行仁义，便保不住他的宗庙。行仁政的就有很多人帮助，不行仁政的就很少有人帮助。帮助他的人少到极点时，连亲戚都反对他；帮助他的人多到极点时，全天下都归顺他。由此，我们就应该"尊贤使能，俊杰在位"，使有道德有能力的人都有职位。这样，国

相关链接：君子莫大乎与人为善。——《孟子·公孙丑上》

家的政治和法纪就会修明，政事就会更加稳定，而天下何愁不太平？

孙叔敖顺应民心治理国家以德服人的故事就是一个典型的例证。孙叔敖曾经是楚国的隐者。他在任国相的时候，施政教民，使得官民之间和睦同心，风俗淳美。他执政宽缓不苛但却有令必止，所谓让百姓心悦诚服应该就是这样吧。在他领导期间，官吏清廉尽职，民间无盗贼发生，百姓各有便利的谋生之路，一片安乐清平的景象。

有一次，庄王认为楚国原有的货币太轻，就下令把小钱改铸为大钱，百姓用起来很不方便，纷纷放弃自己的本业。管理市场的长官于是向国

名家美文话格言

相关链接：丹青不知老将至，富贵于我如浮云。——杜甫

相孙叔敖报告说："市场乱了，老百姓无人安心在那里做买卖，秩序很不稳定。"孙叔敖问："这种状况有多久了？"市令回答道："已经有三个月了。"孙叔敖说："不必多言，我现在设法让市场恢复原状。"五天后，他上朝向庄王劝谏："先前更改货币，是认为旧币太轻。现在市令来报告说市场混乱、无人安心谋生、秩序很不稳定，我请求立即下令恢复旧币制。"庄王同意了他的建议并随后颁布了命令，市场终于恢复了原貌。

楚国的民俗是爱坐矮车，楚王认为矮车不便于驾马，想要下令改高矮车。国相孙叔敖又劝谏道："政令屡次更改，百姓会无所适从，这样不太好。如果您一定想要把车改高，我请求下令让乡里人家加高门槛。乘车人都是有身份的君子，他们不能为过门槛频繁下车，自然就会加高车的底座了。"楚王答应了他的请求，不到半年，老百姓就自动将自家的车子改高了。

就这样，孙叔敖并没有用严格的管束和命令，而是处处从民心的角度出发，以自己的言行道德使得百姓顺从了他的教化。身边的人看到他的言行举止纷纷效仿，离得远的人观察孙叔敖四周的人以效法，渐渐地他的德行也就不断扩大，整个民风也就越发淳厚了。

就像是温暖的阳光，慢慢让人沐浴其中，让人沐浴其光辉、受其感染，进而将这种和煦暖意推广到人心世事。孔子说："得之于身者得之人，失之于身者失之人。"只有自己的修养和道德，才能真正影响到周围的环境，进而使得整个国家、整个天下都受到影响，那时候，你的指令就是不想让人"心悦诚服"也不可能了。

名家美文话格言

相关链接：法度行则国治，私意行则国乱。——《管子·明法解》

没有规矩，不成方圆

不以规①矩②，不成方圆。

——《孟子·离娄上》

注　①规：正圆之器。
　　②矩：正方之器。

●●● 释义 ●●●

不用规和矩，就不能正确地画出圆形和方形。

规矩者，方圆之器也，矩以制方，规以制圆，依规矩而方圆乃成。这是"没有规矩，不成方圆"的字表意义。后来引申为行为举止的标准和规则。从内在的因果关系看，它在一定层面上是符合事物发展的一般规律的，因此人们将其引申到待人、接物、处世的方方面面，循循善诱，教导后人。"没有规矩，不成方圆"也就逐渐成为传统文化中的一句至理格言。

周亚夫是汉朝功勋卓著的将军，以英勇善战、严守军纪著称。公元前158年，匈奴军臣单于起兵攻打中原，汉文帝连忙派兵抵抗。为了保卫长安，他派了三位将军分别带兵驻扎在长安附近：将军刘礼驻扎在灞上，徐厉驻扎在棘门，周亚夫驻扎在细柳。

有一次，汉文帝亲自到这些地方去慰劳军队。他先到灞上，刘礼和他的部下将士一见皇帝驾到，都纷纷骑着马来迎接。汉文帝走时，将士们又列队欢送。接着，汉文帝又来到棘门，受到的迎送仪式也一样隆重。最后，汉文帝来到细柳。周亚夫军营的前哨一见远远有一队人马过来，立刻报告周亚夫。将士们披盔带甲，弓上弦，刀出鞘，完全是准备战斗的样子。汉文帝来到营门口，守营的岗哨立刻拦住他，不让进去。随从的官员吆喝着说："大胆，没看是皇上驾到吗?"营门的守将毫不慌张地回答说："军中只听将军的军令。没有将军的命令，皇上也不能进去。"

　　汉文帝只好命令侍从拿出皇帝的信物，派人给周亚夫传话说："皇上要进营来视察军队。"周亚夫下令打开营门，让汉文帝的车驾进来。护送汉文帝的人马一进营门，守营的官员又郑重地告诉他们："军中有规定，军营内不许车马奔驰。"侍从的官员都很生气。汉文帝却吩咐大家放松缰绳，缓缓地前进。到了中营，周亚夫披戴着全身盔甲，拿着兵器，威风凛凛地站在汉文帝面前，拱手作了揖，说："臣盔甲在身，不能下拜，请允许臣

名家美文话格言

相关链接：桃李不言，下自成蹊。——《史记》

下按照军礼拜见。"汉文帝听了，也扶着车间的横木欠了欠身，向周亚夫表示答礼。接着，又派人向全军将士传送他的慰问。

慰问结束后，在回长安的路上，汉文帝对周亚夫赞不绝口，说："这才是真正信守军令的军队啊！灞上和棘门两个地方的军队，松松垮垮，就跟孩子们闹着玩儿一样。如果敌人来偷袭，不做俘虏才怪呢。像周亚夫这样以军规治军，敌人怎么敢侵犯他呢！"

汉文帝在这一次视察中，认定周亚夫是个信守军规、从严治军的军事人才，就把他提升为负责京城治安的军事长官——中尉。

"规矩"是社会运行的基石，是社会有序运转、人与人和谐共处的基本元素。"没有规矩，不成方圆"这句至理格言旨在教育人们，做人要遵纪守法。

贤者以其昭昭，
使人昭昭

贤者①以其昭昭②，使人昭昭。
——《孟子·尽心上》

注 ①贤者：贤明的人。
②昭昭：透彻明了。

●●● 释义 ●●●

贤明的人教人，凭自己的透彻明了，帮助别人也透彻明了。

　　贤能的人，一定是自己先明白了再使人明白。贤明的人，自己能根据事物的真实状况而作出明智的判断。贤明的人的道德，熏染善于学习的人，甚至会熏染贤明的君王，实现功德遍天下、仁义达四海的境地。

　　当时，鲁国人南宫敬叔因仰慕孔子的才名，刚巧听说孔子要离开鲁国去周学礼，于是向鲁昭公请求："请让我与孔子一起去吧。"鲁昭公给了他一辆车子、两匹马、一名童仆，让他随孔子出发到周去学习礼仪，并去拜访老子。在和老子见面将要告辞之时，老子说道："我听说富贵的人用财物送人，品德高尚的人用言辞送人。我不是富贵的人，只能窃用品德高尚

相关链接：财不如义高，势不如德尊。——刘向：《说苑·说丛》

之人的名声，用言辞为你们送行了。"孔子对老子临行之前的话深记在心，回到鲁国之后，开始注重教育弟子的一些方法，并特意使用了教材教育弟子。老子用自己的话使孔子豁然开朗，孔子用自己的仁义和言行教诲了更多的弟子，贤人不但梳理了自己的透彻思想，更是使得更多迷惑不清的人们找到思考的方法，使得更多在寻觅中的弟子找到前方的光明和坦途。

《左传》里有这样一个故事。子皮打算让尹何管理一个采邑。子产不同意，说道："尹何年纪还小，不知道能不能担当此任。"子皮说："他老实谨慎，我很看重他，他不会背叛我的。让他去那儿学一学，就会

名家美文话格言

相关链接：崇道而忘势，行义而忘利，修德而忘名。——苏轼：《文与可字说》

更清楚该怎样处理政事了。"于是子产说："不能这样做啊。一个人钟爱别人，就该使他获得益处。如今您爱别人，就让他涉足政事，这好比让不会拿刀的人去割东西，很可能把自己割伤。您这样看似爱人，其实是在伤害人家，谁还敢再得到您的厚爱呢？您对郑国来说，就是房屋的栋梁，栋梁折了，房子就会倒塌，我就会被压在下面，所以我怎么敢不将自己的想法说出来呢？我还听说先要学习才能参与政事，没听说过用参与政事来让他学习，如果一定要这样做，就一定会产生危害。比如说打猎，射箭和驾车熟悉了，才会获得猎物；而不是倒过来，根本没有上过车、射过箭、驾过车的人，害怕翻车发生意外，怎么还能顾得上获取猎物呢？"子皮深有感悟，叹道："你说得太好了。我真是很笨啊。我听说君子总让自己明白重大的长远的事情。如今您就是这样的君子啊，让我明白我所看到的只是眼前的事情。"这则故事很好地印证了"贤者以其昭昭，使人昭昭"的道理。

　　唯有贤人的存在，迷失的人群才不至完全找不到自己的来路和前方，所以，我们可以努力，使自己也成为这样的人。

名家美文话格言

相关链接：子以四教：文、行、忠、信。——《论语·述而》

文发其蒙，行积其德；
忠立其节，信全其终

故以文①发其蒙，行②以积其德，忠③以立其节，信④以全其终也。

——皇侃：《论语义疏》

注
①文：文化历史知识的学习。
②行：行为举止。
③忠：对……尽心尽力。
④信：守信用。

●●● 释义 ●●●

所以学文的目的在于唤醒本性；力行仁道孝悌，终成品德；尽忠报国，气节尽在其中；出言必信，唯信乃能全仁。

在孔子的教育观念中，一个人的发展应该是德才并重的：思想品德教育是主要的，文化知识的学习则是从属的；只有先接受他所要求的思想品德教育，然后学习文化知识才有用处。所以他曾经说过：做人心口如一，知行合一，表里如一，始终贯一；做事则是"文化万千，行为先；忠于职守，信为全"。孔子说传授的"文"可指有文字记载的《诗》《书》《礼》《乐》《易》及各国典籍，历史文献。司马迁说"孔子以诗书礼乐教"，说的就是文。例如，孔子的"诗教"就很有名，他通过各类古诗不仅传授知识、民俗、史实，而且揆情度理，提炼思想。"行"可指行为、做事，也可泛指社会生活实践。了解社会，学会做人，在孔子教学中始终占据核心位置。所谓"六艺"，即礼、乐、射、御、书、数，自然包括在文、行范围之内。忠、信属思想道德范畴，蕴含在文、行之中；或者应该说，文、行以忠、信为最高原则。撇开阶级和时代的局限性不谈，孔子这种关于一个人全面发展的观点是我们今天的人依然应该学习的，应该以此为标准约束和规划我们自己，以使我们自己成为文和德平行发展的真正人才。

相关链接：君子学以聚之，问以辩之。——《周易·乾》

知识是必须要学习的。没有"文"这个大前提，其他什么都不必再谈了。读书可以为一个人先期积累必备的学问和见识，是否成才成人暂且不论，但如果目不识丁或者没有积累丰富的文化知识，要想再谈发展全面人才，无疑是在做白日梦。所以只有先修学业，才有可能谈到"齐家、治国、平天下"这些理想和抱负了。东汉时期，有一个叫任宋的人，以超人的毅力刻苦勤奋地

名家美文话格言

相关链接：却是平流无石处，时时闻说有沉沦。——杜荀鹤：《泾溪》

学习了一生。他经常跋山涉水到很远的地方找老师求教，也常常勉励自己：
"人要成材，就要学习，只有不断地学习，才不会虚度每一寸光阴。"在十
分艰苦的环境下，在坚持不懈地一年年努力之后，任宋终于成为一个知识
渊博的人。许多人慕名前来向他求教，直至临终他还语重心长地谆谆教导
学生们："一个人只有勤奋学习，才能证明自己存在的意义。不肯学习的
人，他过的每一天其实都已经毫无意义了。"

　　《论语》中曾多次讲到"忠"。作为君子仁厚品德的构成之一，在孔子
那里，"忠"在一定程度上其实可以涵盖"行"和"信"所蕴藏的某些含
义了。它包括了广泛的意思：除了人与人之间的忠诚、臣民对君主的效忠
外，还有对工作忠于职守，勤奋努力之意。如子路、子张"问政"，孔子分
别回答"先之劳之，无倦"和"居之无倦，行之以忠"，指出为政者不但要
身先士卒，起到带头作用，还要尽职尽责，工作中不要懈怠；身居官位者
在执行政令、处理政事等本职工作中要有忠心。对工作"行之以忠"，也就
是一种"敬业"精神，指对待工作要恭敬谨慎，尽职尽责，而不能玩忽职
守，懈怠散漫。孔子还把那些一心只想个人官位的得失而不是勤奋为政的
人称为"鄙夫"，在孔子看来，为个人的职位患得患失的人，不但不能勤奋
工作、有所作为，甚至还会无所不用其极，为了个人的官位和利益不择手
段，什么事都可能干得出来，所以不能与这样的人一起共事。孔子认为，

相关链接：有则改之，无则加勉。——《论语》

为政者应当在其位，谋其政，在工作岗位上各司其职，忠心耿耿、勤勤恳恳地对待本职工作。

孔子还认为，作为君子，言语说话必须考虑是不是忠诚，其品德应以忠和信为主。在这里，忠是对人尽心竭力的意思，信即诚实的意思。对于为政者来说，忠诚信实是一项基本的道德原则和规范。对国家民族忠诚，为国君服务能舍己委身，不惜牺牲自己的一切；与朋友交往，说话诚实守信。这就是一种忠信的品格。曾子说："可以托六尺之孤，可以寄百里之命，临大节而不可夺也。"所以，正直、诚实、守信是每个人应具备的基本道德品质。

做人仿佛做文章，是一种慢慢熬炼的功夫，人活一天，就得坚持不能松懈。做一个怎样的人，就决定了会有怎样的人生。就是平平常常、简简单单的生活也能显露人的修养水平。所以，文德兼修吧，你的人生会越来越精彩！

附赠中外名人名言

● 人的智慧掌握着三把钥匙，一把开启数字，一把开启字母，一把开启音符。知识、思想、幻想就在其中。

——雨果

● 人生不是一种享乐，而是一桩十分沉重的工作。

——列夫·托尔斯泰

● 人生应该如蜡烛一样，从顶燃到底，一直都是光明的。

——萧楚女

● 人需要真理，就像瞎子需要明快的引路人一样。

——高尔基

● 如果你希望成功，当以恒心为良友，以经验为参谋，以当心为兄弟，以希望为哨兵。

——爱迪生

● 如果是玫瑰，它总会开花的。

——歌德

● 如果我比别人看得远些，那是因为我站在巨人们的肩上的缘故。

——牛顿

● 生活得最有意义的人，并不就是年岁活得最大的人，而是对生活最有感受的人。

——卢梭

● 生活的理想，就是为了理想的生活。

——张闻天

● 生活的情况越艰难，我越感到自己更坚强，甚而也更聪明。

——高尔基

● 生命的意义在于付出，在于给予，而不是在于接受，也不是在于争取。

——巴金

● 生命的多少用时间计算，生命的价值用贡献计算。

——裴多菲

● 世有伯乐，然后有千里马。

——韩愈

● 书读得越多而不假思索，你就会觉得你知道得很多；而当你读书而思考得越多的时候，你就会越清楚地看到，你知道得还很少。

——伏尔泰

● 书籍使我变成了一个幸福的人，使我的生活变成轻松而舒适的诗。

——高尔基

● 谁虚度年华，青春就会褪色，生命就会抛弃他们。

——雨果

●谁要是不再有好奇心也不再有惊讶的感觉，谁就无异于行尸走肉，其眼睛是迷糊不清的。

——爱因斯坦

●谁要是游戏人生，他就一事无成；谁不能主宰自己，永远是一个奴隶。

——歌德

●我的人生哲学是工作，我要揭示大自然的奥秘，并以此为人类服务。我们在世的短暂的一生中，我不知道还有什么比这种服务更好的了。

——爱迪生

●我平生从来没有做过一次偶然的发明。我的一切发明都是经过深思熟虑，严格试验的结果。

——爱迪生

●我认为再没有比那些只顾自己鼻子尖底下一点事情的人更可悲的了。

——卢瑟福

●我喜欢离开人们通行的小路，而走荆棘丛生的崎岖山路。

——伦琴

●我要扼住命运的咽喉，它休想使我屈服。

——贝多芬

●我一贯力求思想不受束缚。

——达尔文

●信仰，是人们所必需的。什么也不信的人不会有幸福。

——雨果

●幸福永远存在于人类不安的追求中，而不存在于和谐与稳定之中。

——鲁迅

●幸运并非没有许多的恐惧与烦恼；厄运也并非没有许多的安慰与希望。

——培根

●人生就是学校。在那里，与其说好的教师是幸福，不如说好的教师是不幸。

——海贝尔

●没有比人生更艰难的艺术了，因为其他的艺术或学问，到处都有教师。

——塞涅卡

●我们要把人生变成一个科学的梦，然后再把梦变成现实。

——居里夫人

●要体验人生，就要把握现实，相信现实。

——拉蒂特